ひろさちや

「がんばらない菩薩」のすすめ

のんびり、ゆったり、ほどほどに

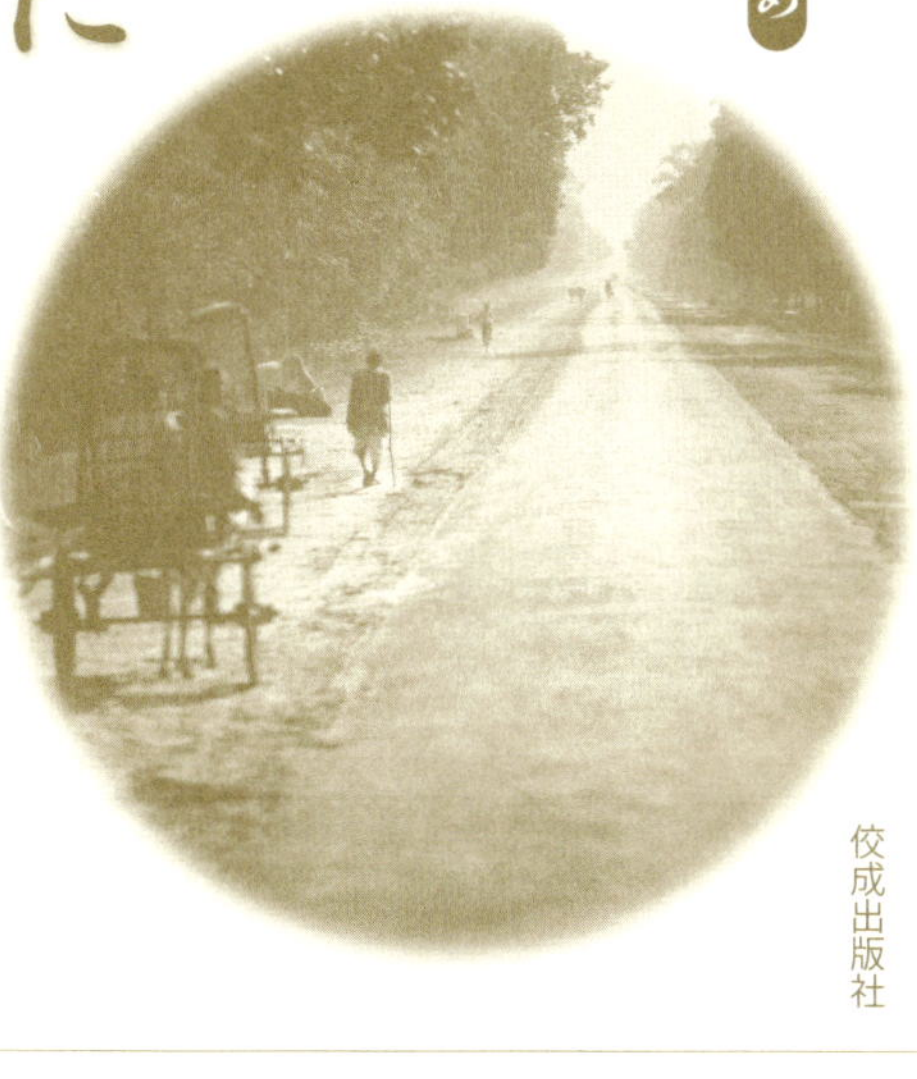

校成出版社

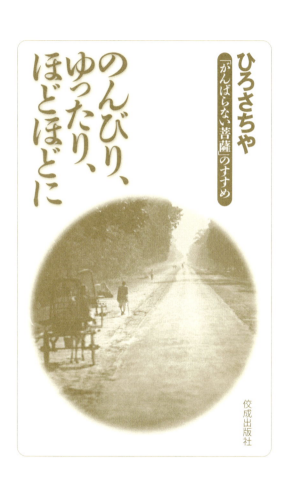

まえがき

いま、日本人の生き方は、
――あくせく、いらいら、がつがつ――
になっています。仏教的にいえば、「あくせく」は畜生的、「いらいら」は地獄的、「がつがつ」は餓鬼的ということになりますか。畜生といっても、トラやライオンと違って、馬・牛・猿のような動物です。たえずあくせくしています。地獄の住人は他人のことなど考えようとせず、ただただ自分の利益だけを思っていらいらしていま
す。そして餓鬼は、ほんのちょっと欲望が充足させられても、それに満足せず、なおもがつがつと利益ばかりを追求しています。
ね、そう思うでしょう。日本人は「あくせく・いらいら・がつがつ」としていま
す。幼稚園、小学校のころから、そういう生き方を強いられているのです。
昔の日本人はそうではなかった。八十歳を過ぎたいま、幼時、少年時代を振り返っ

て、わたしは、昔の日本人は、もっと、

――のんびり、ゆったり、ほどほどに――

生きていたと思います。夏の夕方、商家の主人が縁台将棋を楽しみ、顧客もそれを傍観し、一戦が終わったところで、

「すんまへん、下駄、売ってください」

「えろうお待たせしましたな。さあ、見てください」

そんな会話になるのです。それが日本人の生き方でした。

そんな日本人の生き方を完全に取り戻すわけにはいかないでしょう。でも、完全でなくても、ほんの少しは「のんびり、ゆったり、ほどほどに」生きたいものですね。そう思ってわたしは、そのために仏教の教えを綴ってみました。みなさんのお役に立てば幸いです。

ひろさちや

二〇一九年六月

目次 contents

装丁・レイアウト▼巖谷純介
カバー写真▼インドの街道風景（佼成出版社写真課　撮影）

のんびり、ゆったり、ほどほどに――
「がんばらない菩薩」のすすめ――

1

ほとけさまは半眼

〝明〟という漢字は、〝日（太陽）〟プラス〝月〟だと思っていました。だから「明るい」のだと。

けれども、それは素人の解釈であってまちがいです。白川静『字統』によりますと、この字は〝囧《けい》〟と〝月〟の組み合わせです。そして〝囧〟は「窓《まど》」であって、窓から月光が入り込むのが〝明〟なんです。

そういえば、昼間、太陽と月が一緒に出るわけがありませんし、たとえ太陽が出ているあいだに月が出ることがあっても、その時の月はちっとも明るくありません。いや、そもそも月そのものは発光体ではなく、太陽の光を反射しているだけなんです。

まあ、ともかく〝明〟という字は窓から入り込む月光の明るさなんですね。それほど明るいわけではない。むしろ薄暗い感じです。

それでちょうどいいのです。というのは、わたしはここで、中国古典の『近思録』

（巻十二）の言葉を思い出すからです。

《明極《めいきわ》まれば則《すなわ》ち察《さつ》に過ぎ、疑い多し》

明極まるというのは、ものごとがあまりにもよく見えすぎることです。そうすると察に過ぎます。観察しすぎるわけです。それで疑いが多くなるのです。

その通りですよね。たとえば、美人の肌を虫眼鏡でもって拡大して観察してごらんなさい。百年の恋もいっぺんに醒めてしまうでしょう。窓から入って来る月明かりでもって見るのがいいのです。

つまり、あまり情報量が多くなってはいけないのです。

そう考えると、坐禅のときに目を半眼にすることの意味が納得できます。目をつぶってはいけません。そうすると眠くなります。かといって、目をかっと見開くのもよくない。半眼に開くのです。

また、仏像においても、ほとけさまはほとんどが半眼です。かっと目を開いているのは、お不動さんだけでしょう。お不動さん、すなわち不動明王は大日如来の使者で、仏教の世界でいわば警察官の役目を担った存在です。だから、目をかっと開いておられます。しかし、慈悲の存在である如来や菩薩《ぼさつ》は、そんなに目を開いてはいません。半眼にして情報量を少なくしておられるようです。

だって、わたしたち人間はみんな欠点だらけの存在です。虫眼鏡で拡大するまでもなく、かっと目を開いて見られるならば、欠点ばかりが大写しになってしまいます。ほとけさまは慈悲のこころでもって、わたしたち人間の欠点を見ないように、いいところだけを見るようにしてくださっているのだと思います。

わたしたちも他人を見るとき、あまり目を開いて見ることをやめましょう。他人を半眼で見るのが慈悲のこころではないでしょうか。

2

自分を大事に……

海外旅行をする日本人は、買い物が大好きです。その一つの理由は、値切る楽しみがあるからでしょう。インドの土産物屋では、ちょっと値切れば、半値になることもあります。

だいぶ昔の話ですが、インドでこんなことがありました。

土産物屋で買い物を終えた人が、次々にバスに帰ってきます。一人の人が帰ってきて、「こんな物を買ってきましたよ」と、自分の購入した商品（何であったか忘れましたが、テーブルクロスにしておきます）を隣の人に見せました。

「いくらで買ったんですか？」

隣の人が尋ねました。じつは、彼も同じ商品を買っていたのです。そしてその人は、自分のほうがうまく値切ったつもりでいます。それで値段を聞いて、内心でにんまりしたかった……と、わたしは想像していました。

ところが、あとから買ってきた人の値段のほうが安かったんです。これも正確な値段は忘れましたが、自分は七千円で買ったのに、相手は五千円だったとしておきます。

そうすると彼は、急いでバスを降りて土産物屋に駆け込みました。そして店の人に、

「二千円を返してくれ！」

と要求しました。五千円の品物を自分に七千円で売った。だから、自分は二千円損した、というわけです。わたしも意地悪ですね、じつはその人の後をつけて行ったのです。

インド人はびっくりしました。

「あなたは納得して買ったのではないか。わたしが他の人にいくらで売ろうが、それはあなたに関係のないことだ」

インドの商人はそう主張します。もちろん、これはインドの商人の言う通りです。日本人の主張は通りません。だが、その人は、そのあとも長いあいだ不愉快な顔をしていました。

そのとき、わたしが思ったことは、お釈迦さまが教えられた、

——自灯明《じとうみょう》・法灯明《ほうとうみょう》——

といった言葉です。〝法〟は仏法です。仏教の教えをわれわれは大事にせねばならないのですが、その前に自分自身を大事にせよとお釈迦さまは言っておられます。

わたしたち日本人は、あまりにも他人のことを気にしすぎます。自分が買った同じ商品を、他人がいくらで買おうが、わたしには関係のないことです。自分がその品物を欲しいと思い、その値段でいいと思ったら買えばいいのです。高いと思えば買わない。それだけの話です。それがお釈迦さまが教えられた「自灯明」であり、自分を大事にすることだと思います。

ということは、「自灯明」は別の言葉でいえば「主体性」なんです。わたしたち日本人は、もっと主体性を持ちましょうよ。それが仏教の教えではないでしょうか。

3

愛語はほとけさまの言葉

昔の日本では、結婚式の前夜、花嫁の実家で花嫁が使っていた茶碗を割る風習がありました。じつは、この風習は葬儀のときにも見られます。死者の棺を送り出したあと、死者が生前に使っていた茶碗を割ってしまうのです。

おそらくこれは、花嫁や死者に対して、

「二度とこの家に戻ってくるな！」

と言っている意思表示であり、おまじないだと思われます。死者が化けて出て来ては困りますし、花嫁も離婚になって生家に戻って来るのはよくないことです。

ところで、佐藤俊明著の『心にのこる禅の名話』（大法輪閣）には、次のような話がありました。

北野《きたの》元峰《げんぽう》禅師（一八四二―一九三三）は、大本山永平寺の第六十七世の貫首《かんしゅ》です。

彼が二十歳のとき、東京で修行中の彼の所に母危篤の電報が届き、彼は急いで福井県の実家に帰りました。幸いにも母の病気は快方に向かい、元峰は再び東京に戻ります。

そのとき、彼は両親にこう挨拶しました。

「わたしは立派なお坊さんになるよう努力します。もし万が一、わたしが堕落坊主になったら、二度と再びこの北野家の敷居はまたぎません」

すると、それを聞いた母親が言います。

「これこれ、そんなことを言うもんじゃないよ。おまえさんが堕落坊主になったら、なおさらこの家に帰ってきてもらわにゃならん」

名僧知識になったなら、大勢の人が慕ってくれます。だが、堕落坊主になれば、誰一人相手にしてくれません。淋しいでしょう。そんなときこそ、この家に帰っておいで。母はおまえがどんな人間になっても、またどんなときでも、おまえをやさしく迎えてあげる。大手を振って玄関から入れないときは、窓からでも入っておいで。母は息子にそう言い聞かせました。

わたしはこれを読んで、すっかり考え込んでしまいました。

「離縁されるなよ。二度と実家に戻ってくるな！」も、ひとつの愛情表現です。しかし、「つらくなったら、いつでも戻っておいで」も、違った意味での愛情表現です。では、どちらがすばらしい言葉でしょうか？　あるいは、あなたはどちらが好きですか？

仏教には「愛語」と言った言葉があります。慈悲の言葉です。ほとけさまの言葉です。

わたしは、親が子どもに、「立派な人間になりなさい」と言うのは愛語だとは思いません。「あなたがどんな人間になろうと、お父さんはおまえの味方だぞ」「あなたがどうなってもお母さんはあなたが大好きよ」と言うのが、愛語だと思います。いま日本の子どもたちは、そんな愛語に飢えているのではないでしょうか……。

4

われら在日仏教人

篠原令著『妻をめとらば韓国人!?』という本を読みました。著者は、韓国人女性と結婚した日本人男性です。日本と韓国は隣同士の国ですが、その国民性（ものの考え方）は大きく違っています。その考え方の違いから生じるトラブルが、いろいろと報告されています。

たとえば、韓国人は派手好きで、見栄っぱりで、虚栄心のかたまりです。いえ、わたしが言っているのではありません。著者の篠原氏の言葉を、わたしが引用したのです。韓国では、人を評価する基準はまず「見てくれ」だから、ちょっとした散歩、スーパーへいくのでさえ、身なりをきちっとして行かないとバカにされます。だから、娘さんが小学校にあがったとき、韓国人の妻は毎日娘にブランド物を着せようとします。夫も娘も、「日本の学校では普段着でいいんだ。なるべく目立たないようにしないといじめられるよ」と言うのですが、韓国人にはそれがなかなか信じられないのです。韓国では、逆にいい物を着ていかないといじめられるのですから。奥さんである在日韓国人はいろいろ苦労をしているのですね。

と同時に、この日本人男性が韓国で生活するときの苦労も、この本には書かれています。在韓日本人にも、いろいろ苦労があるのです。

ところで、在日韓国人の苦労、在韓日本人の苦労といった言葉から、わたしは、ふと、

――在日仏教人――

といった言葉を考えてみました。わたしたちは、もちろん日本人です。けれども、仏教を学ぼうとする者は、その前に「仏教人」でなければなりません。そして、日本人と仏教人では、ずいぶんと国民性が違います。ものの考え方が違うはずです。

たとえば、日本は激烈なる競争社会ですから、日本人であれば競争の勝者になりたいといった願望を持ちます。だが、仏教人であれば、「競争は悪だ！　競争してはならない！」と考えるはずです。

また、日本人は飽くなき欲望を持ち、その欲望を充足させようとします。欲望を充

足させると幸福になれると信じています。けれども仏教人は、

——少欲知足（欲を少なくし、足るを知るこころを持て）——

と考えます。ある意味で正反対です。

そして、日本人と仏教人の考え方の違いから、いろんな苦労が生じます。考え方が正反対なんだから、当然、苦労は大きいでしょう。それは仕方がないことです。

そこで、わたしたちは「在日仏教人」を自覚しましょう。日本に住んでいる以上は、完全に仏教人として行動できません。かといって、仏教人をやめて日本人になってしまってはよくない。苦労しながら在日仏教人として生きよ。それが仏教者としての生き方だと思います。

5

鬘と補聴器と

中学生の娘が、せっせとお小遣いを貯めています。母親が、「何に使うの……?」と尋ねると、父親へのプレゼントを買うためだ、と答えました。ここまでを聞くと、誰もが親孝行な娘だと思います。

ところが、娘が父親にプレゼントしたい物は、

——鬘《かつら》——

なんです。それを聞いて、読者はどう思われますか? しかも、なぜ彼女が父親に鬘をプレゼントしたいかといえば、その中学校では父親参観日があって、禿げている父親が来るのが恥ずかしいからです。

そこまで聞けば、われわれは最初の印象を取り消さざるをえません。彼女の気持ちはわかりますが、しかし彼女の父親に対する仕打ちは、まさに、

——残酷——

と評するよりほかありません。お父さんは醜い。そんな醜い父親の姿を友人に見られたくない。そう言われて、喜ぶ父親がいるでしょうか。わたしたちは、その中学生の娘に腹立ち、怒りさえ感じますね。そうではありませんか。

＊

けれども、わたしたちは、この中学生と同じようなことをしているのですよ。いつか、妻のきょうだいたちが集まって、年を取って難聴になった母親に補聴器を贈ろうと話していました。実の子どもたちの話し合いだからわたしは黙っていましたが、あとで妻に、

「あれは、残酷な話だよ」

と注意しておきました。幸いにも、義母は自分で補聴器を買って来て、使いにくいものだから使わずにいます。だからよかったのですが、もしも子どもたちがプレゼントしたらどうだったでしょうか。

だって、考えてみてください。補聴器をプレゼントするということは、耳が遠くなった人間に向かって、

「おまえは欠陥人間だ」

と宣言していることになります。人間は年を取ると、みんな難聴になるのです。そうすると、結局は年寄りはみんな欠陥人間だと言っていることになるわけです。

いいえ、本人が買うにはいいのです。視力が弱くなると不便だから眼鏡を買う、老眼になったから老眼鏡を買う、それは問題ありません。自分で買うからいいのです。父親が自分で鬘を買うのであれば、われわれがとやかくいう問題ではありません。

問題は、鬘や補聴器をプレゼントする神経です。

考えてください。どうして耳が遠くていけないのですか。難聴の母には、子どもたちがしっかりと大きな声で話してあげればいいのです。年寄りを除け者にしないで、いつも老人を中心において話をする。そうすると、耳の遠い老人にもよく聞こえるのです。

それが、本当の愛情ではありませんか……。

6

己を忘れる

ジュール・ルナール（一八六四―一九一〇）は、あの名作『にんじん』で知られたフランスの作家です。彼には二十三年間にわたって書き続けた『日記』もありますが、その中に、

《自分が幸福になるだけでは不十分である。他人が不幸になってくれないと……》

といった言葉があります。〈うん、その通り〉と頷《うなず》きたくなるアフォリズム（警句）です。

でも、頷いていいのでしょうか。

たしかに、われわれは他人の不幸を喜びます。他人が不幸になれば、こちらが幸福になったかのように錯覚するのです。だから、他人の不幸に表面的には同情しても、心の奥底ではにんまりとしているのです。逆に他人が幸福になれば、なぜか自分が損したような気になるのです。それが凡人の性《さが》というものでしょうが、悲しいですね。

そう思ったとき、反射的に浮かんでくるのは、日本天台宗の開祖の伝教大師・最澄（七六七―八二二）の言葉です。

《悪事を己に向かえ、好事を他に与え、己を忘れて他を利するは、慈悲の極みなり》

（好ましくないことをみずからすすんで引き受け、好ましいことは他者に振り向け、自分の利益を忘れて他者を利するのが、慈悲の究極のあり方である）

この言葉は、最澄の『山家学生式《さんげがくしょうしき》』に出てきます。己を忘れて他を利するというのは、「忘己利他《もうこりた》」です。まるで「もう懲《こ》りた」と言っているみたいですね。それはともかく、わたしたちが他人のためになることをしようとすれば、まず自己を忘れないといけないのです。自己を忘れたとき、われわれは他人のことを考えることができます。逆に自分の利益を考え、自分が幸福になりたいと思えば、われわれは他人の不幸を願うことになりそうです。それがルナールの警句でした。最澄は、だから「己を忘れよ」と言っているのです。

とすると、問題は、どうしたら己を忘れることができるか、です。

われわれはなかなか自分のことを忘れることはできませんが、そのいちばんいい方

法は、というよりこれしかない方法は、

——わたしのことはほとけさまがしっかりと考えてくださっている——

と信じることです。自分で考えるよりも、もっといいことを、ほとけさまが考えてくださっていると信じる。そう信じて、ほとけさまにおまかせするのです。そうすれば、己を忘れることができ、そして他人のために何かをしてあげられるのです。

いや、逆かもしれません。われわれが他人のために何かをしてあげていれば、そのうちにきっとわたしのことはほとけさまが考えてくださっていると信じられるようになります。そうすると己を忘れることができそうです。

7

苦にしない解決法

東京では、エスカレーターの左側に立ち、右側を急ぐ人のためにあけるようにします。ところが、大阪ではこれが反対になります。どうしてなんでしょうか……?

ところで、エスカレーターの片側をあける風習、あれはよくないと思います。急ぐ人は階段を利用すればいいのです。急ぐ人のために片側をあけるものだから、多くの場合、エスカレーターに乗るために長い列が出来てしまい、急がない人には迷惑です。

また、エスカレーターが急に停止したようなとき、動いている人は危険です。とくにエスカレーターを急いで降りている人は、下手をすればドミノ倒しに倒れてしまうでしょう。いまにきっと大事故が起きると思います。大事故が起きてはじめて、日本では規制がなされます。みすみす危険がわかっているのに、前もって対処することはしない。日本人はおかしな民族ですよね。

そういうわけで、わたしはエスカレーターに乗るたびに、いつもいらいらしていました。〈なんとかして、この悪い風習をやめさせることはできないか〉〈どうすればいいのだろうか……〉と、あれこれ悩んでいたのです。じくじく考えていました。

だが、最近、はっと気がつきました。

何に気づいたかといえば、仏教の教えは、

――苦にするな！――

であるということです。そして、じつはこの〝苦〟といった言葉は、仏教語としては、

――思うがままにならないこと――

といった意味です。われわれは、思うがままにならないことを思うがままにしようとして、それで苦しむのです。たとえば、病気は思うがままになりません。それを早くなおしたいと思う（それが思うがままにしようとすることです）と、病気が苦しくなります。

では、どうすればいいのか？

思うがままにならないことは思うがままにしようとしなければいいのです。つまり、「苦にするな！」というのが、仏教の教えです。病気になれば、それを早くなおそうと思わずに、むしろ病気のまま楽しく毎日を過ごす工夫をしたほうがいいのです。

この考え方をエスカレーターの問題に当てはめてみます。わたしはエスカレーターの片側をあける風習は悪い風習だと思っていますが、そうは思わない人もいます。だから、片側をあける風習になっているのです。そして、その風習をわたしが思うがままにやめさせることはできません。いくらわたしがやきもきしても、大事故が起きないあいだは、きっとその風習が続くでしょう。そうであれば、わたしはそれを苦にしないほうがいいのです。ちょっと不便ですが（待たされることになるので）、まあ黙って片側に立てばいいのです。そうしたほうが精神衛生にもいいかと思います。

これが仏教的考え方ではないでしょうか。

8

功徳の便乗

三度目のミャンマー旅行をしたときです。そのとき、ちょっとおもしろい言葉を覚えました。それは、

「タードゥ・タードゥ・タードゥ」

です。〝タードゥ〟というのは、「あなたはよいことをなされました」といった意味で、他人の善行を誉《ほ》め称《たた》える言葉です。そして、それを三度繰り返すことになっています。

ちょうどヤンゴンのシュエッダゴン・パゴダに詣でたとき、五十人ばかりの女子学生たちがパゴダの掃除の奉仕活動をしていました。わたしは早速、彼女たちに「タードゥ・タードゥ・タードゥ」の言葉を送りました。すると全員がにっこり笑ってくれました。

じつはこの言葉は、基本的には他人の善行を誉め称えるものですが、それと同時

に、この言葉を唱えることによって、他人の積んだ善行の功徳が自分に向けられるのです。たとえば、誰かがお寺にお金を寄進します。それを見た人がこの言葉を唱えると、その功徳が唱えられた人に向けられることになります。

そうすると、寄進した人の功徳がなくなるのでしょうか……？　ちょっと心配になります。それで、ミャンマー人に尋ねました。

「いいえ、むしろそれによって、寄進した人の功徳が増えます」

そう教わって安心しました。

しかし、そんな質問をする必要はなかったのです。千円を寄進すれば千円分の功徳、一万円を寄進すればその十倍の功徳と考えるのが馬鹿げているのです。他人が功徳を得ると、自分が積んだ功徳がその分だけ減少すると考えるのが大まちがいです。自分がしたいいことの功徳によって、他の人々も功徳に与《あず》かれるのであれば、むしろその分だけ自分の功徳も増える。当然そう考えるべきです。いささか愚かな質問をしたものだと、あとで恥ずかしくなりました。

＊

わたしたちは凡夫だから、ときに他人の善行を見て、それを率直に誉めることができず、逆にけちを付けたくなることがあります。いえ、みんなを巻き添えにする必要はありません。わたし自身に関するかぎり、どこか他人の善行にけちを付けたくなるこころがあります。それが妬みのこころなんでしょう。

だからなんでしょう、キリスト教などでは、こっそりと善行を積めと言われています。

《見てもらおうとして、人の前で善行をしないようにしなさい》(『マタイによる福音書』六)

これがイエスの言葉です。

ミャンマーの人たちは、それと反対です。他人の善行を誉め称え、その誉め称える行為によって自分もその功徳に便乗することができ、また便乗されることによって善行をした人の功徳が増加します。ミャンマーの人々はそう考えているのです。おおらかでいいですね。わたしは、ミャンマーの仏教がすっかり好きになりました。

9

のんびりと働く

古代ギリシャのエペイロスの地にピュロス（在位前三〇七―前三〇三、前二九七―前二七二）という王がいました。この王はイタリアに遠征することを考えていましたが、その遠征を思いとどまらせようと思って家臣がこんなふうに言いました。

「王さま、イタリアに遠征してローマ人に勝ったら、次にはどうなさいますか？」

「次にはイタリア全土を征服する」

「その次は……？」

「その次はシチリアを征服する」

「そして、その次は？」

「リビアやカルタゴじゃな……」

「それらを全部征服し終わったあとは、王さまはどうされるおつもりですか？」

「そのあとは暇ができる。そうすると、ゆっくり宴会でも開いて楽しむこととしよう」

そこで家臣が言いました。

「王さま、宴会をやって楽しくやるのは、いま、ここでできることではありませんか。何も苦労して戦争などやる必要はありませんよ」

その家臣の言葉に、ピュロス王が戦争を思いとどまったかどうか、ちょっと忘れてしまいました。たぶんピュロス王は征服戦争をやってのけたのでしょう。それはどちらでもいいのですが、この家臣の言葉は名言ですね。覚えておいてよいと思います。

われわれ現代日本人は、将来に備えてあくせくと働いています。多くのサラリーマンは残業につぐ残業で、家庭を犠牲にしています。ときには過労死するありさまです。彼らに「何のために、そんなにあくせく働くのですか？」と問えば、きっと「定年退職後にのんびりと暮らすため」といった返事が返ってくるはずです。それがサラリーマンの願望なんでしょう。

でもね、将来のことはわかりませんよ。あなたの会社が潰れるかもしれないし、日本に革命が起きるかもしれません。いや、それよりも、あなたが定年退職の年齢まで生きる保証はないのです。過労死すれば、すべてがパアです。

それよりは、ピュロス王の家臣の言葉に学ぶべきなのです。のんびりと暮らすのが夢であれば、その夢は、いま、ここでかなえることができるのです。いますぐ、のんびりと暮らせばいいのです。

おまえはサラリーマンの苦しみがわかっていない。おまえの言う通りにすれば、会社を首になってしまう。そんなふうに言われる人がおられるでしょう。だが、それはわたしの言葉を誤解した反論です。わたしは何も会社に楯突けと言っているのではありません。そうではなくて、わたしは、

――のんびりと働く――

ことをすすめているのです。あくせくと働くのではなしに、ゆったりと、毎日の生活を楽しく送るようにすべきだと言っているのです。そういう生活は可能なんですよ。

10

余計な心配

江戸時代後期の文章家に伴蒿蹊《ばんこうけい》（一七三三―一八〇六）がいます。伴家は近江八幡の商家で、京都と江戸、大坂に店を持っていました。蒿蹊はその主人だったのですが、三十六歳という若さで隠退しました。もっとも、江戸時代であれば、三十六歳はそれほど若くはないのかもしれません。

その伴蒿蹊の著作に『近世畸人伝《きんせいきじんでん》』があります。世に変人・奇人と呼ばれる人たちを評伝したものです。

その中に、名前はわかりませんが、こんな人物が登場します。

彼は、山中の人跡絶えたる所に庵《いおり》を結んで住んでいるのですが、人里に出るには谷川に架けられた橋を渡らねばなりません。山中に住んだ最初のころは、彼は、もしも大水が出て橋が流されてしまったらどうしよう……と、心配ばかりしていました。そうすると、人里に出て食糧が調達できなくなるからです。

だが、このごろになって、ようやく彼は悟ることができました。

《我命ある限りは食有《じきある》べし、食尽《つ》くるは我が命の終わる時也、とおもひさだめつれば、甚《はなはだ》やすし》

（自分の命のあるあいだは食糧はあるはずだ。食糧が得られなくなったときが、自分の命の終わるときだ。そう覚悟すれば、すごく心が平安になった）

これがその人の悟りです。これを読んで、わたしは非常に気が楽になりました。なるほど悟りとはそういうものか、と思ったのです。

わたしたちは、未来のことをあれこれと心配ばかりしています。ひょっとして会社をリストラされるのではないかと不安になります。大地震が来たらどうしようと、びくびくしています。がんになればどうしようか、といった心配もあります。

でもね、リストラされれば、されたときのことではないですか。そのときに考えればいいのであって、毎日毎日あれこれ心配して、そして上司にごまをすって卑屈になって生きる必要はありません。〈なるようになるさ！〉と高《たか》をくくって生きたほうが、精神衛生の上でもよさそうです。

地震に関して言えば、政治家や行政の担当者は万が一に備えて準備をすべきです。われわれは彼らに万が一のときの心配をさせるために税金を払っているのです。われわれが政治家や行政マンを雇っているのです。

だから、心配は彼らにさせておけばいい。われわれ個人としては、あれこれ心配する必要はありません。山中に住む奇人が、橋が落ちれば死ねばいいと悟ったように、万が一のときは死ねばいいのです。そう思えるのが悟りでしょう。

もちろん、必要な準備はすべきです。でも、過度な心配、余計な心配はする必要はありません。その意味では「高をくくる」ことが大事です。心配したって、どうにもならないことはどうにもならないのですから……。

11

やはり死はこわい

新聞広告に、科学者が書いた新刊が出ていました。そこに、

《死ぬのはこわくありません。生命科学を通し、『般若心経』の心に触れてそう思えるようになった》

とありました。それを読んだとたん、

〈嘘だ！　嘘にきまっている！〉

と、ちょっと腹立たしく覚えたのです。死ぬのがこわくないなんて、嘘にきまっていますよね。

でも、そのあと、すぐに反省しました。他人さまがそう思っておられるのを、それは嘘だときめつける権限がこちらにあるのだろうか……と。本人がそう思っているのであれば、それは本人の勝手だからほうっておけばよい。しかし、そうは考えても、なかなか釈然としません。

そこで一つの話を思い出しました。

関山慧玄《かんざんえげん》は南北朝時代の禅僧で、妙心寺の開山です。その関山が天龍寺に夢窓疎石《むそうそせき》を訪ねます。夢窓は天龍寺の開山です。そして関山は、夢窓に禅問答を挑みました。

「迦楼羅《かるら》が大空を舞うとき、天龍はどこにいるか？」

迦楼羅というのは仏典に出てくる想像上の大鳥で、サンスクリット語でガルダといいます。また金翅鳥《こんじちょう》とも呼ばれます。口から火を吐き、そして龍をとって食うとされています。関山は自分をこの迦楼羅になぞらえ、天龍寺の夢窓を龍と見て、この問答をしかけたわけです。

なかなかうまい挑戦ですね。

それに対して夢窓はどう応じたでしょうか……？

彼はすぐさま、

「おお、こわい、こわい」

と言いながら、屛風《びょうぶ》の後に隠れました。

それを見て、関山は夢窓を礼拝《らいはい》したと伝えられています。

わたしたちは、こわいものがない、恐れるものがないのが勇気ある人間だと思っています。だからシェークスピアは『ジュリアス・シーザー』の中で、
《臆病者は、ほんとうに死ぬまでにいくたびも死ぬが、勇者は一度しか死を経験しない》
と書いています。しかし、そんなものは本当の勇気ではないでしょう。禅が教えているのは（ということは、仏教が教えていることなんですが）、本当の勇気というものは、こわいものをこわがる、恐ろしいものを率直に恐ろしいと思うことでしょう。少なくとも、禅僧の夢窓は、こわいものを「こわい、こわい」と言って逃げたのです。その態度に、関山は感激したわけです。

わたしは、いくら仏教を勉強しても、死ぬのはこわいです。それは、おまえの仏教の勉強が足りないからだといわれるかもしれませんが、こわいものはこわくていいと思っています。一種の開き直りかもしれませんが、わたしはそのように考えているのです。

⑫

少病少悩

『法華経』の「見宝塔品《けんほうとうほん》」には、

――少病《しようびよう》 少悩《しようのう》――

といった言葉が出てきます。なかなかすばらしい言葉です。

宇宙のあちこちからやって来られた諸仏が、それぞれ使者を送って釈迦牟尼仏《しやかむにぶつ》に挨拶させるのです。そのとき諸仏は、使者に指示します。すなわち、釈迦牟尼仏には、「世尊よ。いかがですか。少病少悩でおいでになられますか。気力安楽にましますか」と、そのように挨拶するように、というのです。

〝無病息災〟といった語があります。わたしたちは、病気をしないでいることがいいことだと思っています。また、悩みのないことが理想なんです。

けれども、仏教はそのような考え方をしません。

この点に関しては、釈尊がなぜ出家をされたかを伝説的に物語る話に、

――四門出遊《しもんしゅつゆう》――

があります。釈尊は釈迦国の太子であったのですが、あるとき宮殿の東の門から郊外に遊びに出て老人に出会い、愕然《がくぜん》とされます。次に南の門を出て病人に出会い、さらに西の門を出て死者と出会い、人生にはこのような老・病・死の苦悩のあることを知って愕然とされるのです。そして最後に北の門に出て、沙門《しゃもん》（出家修行者）を見て、その生き方に感銘を受け、ご自身も出家を志されたというのです。

この物語から知られることは、釈尊は、人間にとって老・病・死が抜き差しならぬ現実だということを認識しておられたのです。わたしたちは老・病・死を克服することはできないのです。

この認識が大事です。仏教は、この認識から出発します。

わたしたち現代人は、医学や科学・技術によって病気を克服しようとします。病気と闘い、病気をなくそうとするのです。たしかに細菌やウイルスによって起きる病気であれば、病気と闘って勝てるかもしれません。でも、がんのような病気は、外から侵入してきたものではありません。自分のからだの細胞ががん化したのです。そのがん細胞をやっつけることは、自分自身をやっつけることになります。仏教から見れば、それは愚かな闘いだと思います。

仏教は、病気を克服しよう、悩みをなくそうとしません。ほんの少し悩めばいいのです。病気というものは、本来は「気を病んでいる」のです。ですから病気になれば、ほんの少し気を病めばいい。にもかかわらず、わたしたちは一日二十四時間、まるごと気を病むことになってしまいます。そんな愚かなことをするな！　仏教はそう教えてくれているのです。

「少病少悩」――いい言葉だと思われませんか……。

13

中道を歩む

詩人であり、彫刻家であった高村光太郎（一八八三―一九五六）の詩集『道程』には、

《僕の前に道はない。僕のうしろに道ができる》

といった、有名な一節があります。いろいろな解釈ができそうな言葉ですが、わたしは仏教の立場で考えてみたいのです。

じつは、世間一般では、目標に向かってまっしぐらに進むことがいいことのように思われています。そのことは、「精神一致、何事か成らざらん」といった言葉にも表れています。人々は、少々の困難でくじけてはならない。努力すれば必ず成功する。そんなふうに考えているのです。

でも、本当にそうでしょうか……？　たいていの場合、目標に向かって歩むのはそう簡単ではありません。さまざまな障害にぶつかるでしょう。それを強引にゴーイン

グ・マイ・ウエイ（わが道を行く）と歩んで行けば、他人を傷つけ、さらには自分自身をも傷つけるはめになります。

だから、目標に向かって猪突猛進する、そういう生き方を仏教は嫌います。目標に執着してはならない――。仏教はそのように教えるのです。

わたしたちは、〈ご縁〉の世界に生きています。さまざまな縁があります。いい縁もあれば、悪い縁もあります。腐れ縁だってあるのです。いい縁に恵まれて、目標に向かって進めるときは、進むとよい。けれども、縁が悪いのに強引に猛進する必要はありません。そういうときは、じっと待っていればよい。場合によっては後退するほうがよいのです。

仏教は、ゆったりと歩むことを教えています。それが、

――中道――

なんです。中道というのは、ゆったりと、のんびりと、そして楽しく歩むことです。歯を食い縛って、悲壮な覚悟で一心不乱に歩み続ける、そのような歩みはよくない。

そうですね、散歩を思い出してください。散歩のとき、誰が悲壮感をただよわせて歩きますか。みんなゆったりと歩きますね。

人生の歩みも、その要領です。自分のことばかり考えずに、周囲とのご縁を大事にしながら、ゆったりと、楽しみながら歩きます。無理をしてはいけません。もしも周りに急いでいる人がいれば、

「お先にどうぞ」

と譲ってあげましょう。それでちっとも損をするわけではありません。なにせこちらは、人生を楽しみながらゆったりと生きているのですから。

そうして人生を歩き終わったところで、振り返って眺めてみれば、自分の歩いたうしろに一本の道が出来ています。

〈ああ、自分はこんな道を歩いてきたんだなあ……〉

としみじみと思える、そういう人生の歩みをしたいものです。そして、それが仏教の教える中道なんですよ。

⑭

ご縁によって……

ある企業での話です。その会社の命運を決しかねないプロジェクトを推進するために、十五名から成るプロジェクト・チームを発足させました。もちろん、会社の中の各部門から実力ナンバー・ワンのエリートを集めたわけです。

ところが、そのプロジェクト・チームが発足したとたん、チームの中に落ちこぼれの人間が発生したのです。何をやらせてもへまばかりし、遅刻の常習犯で、おまけに無断欠勤もします。どうしようもないクズ社員が出来ました。

だが彼は、本来は出来の悪い人間ではありません。その逆です。彼は優秀な社員であったからこそ、そのエリート集団に選抜されたのです。

ということは、優秀な人間か、優秀でないかは、その人の本来の性質というよりは、他人との関係で決まることです。そのことを仏教の言葉で言えば、

——ご縁——

と呼びます。ある人はご縁によってエリートになったり、またご縁によって落ちこぼれになります。エリートはたまたまエリートになれたのであり、落ちこぼれは運悪く落ちこぼれになっただけです。別の集団に組み込まれたら、エリートになれずに落ちこぼれになったかもしれないし、落ちこぼれがエリートになれたかもしれないのです。

イタリアの経済学者のパレート（一八四八―一九二三）は、経験的事実にもとづく数多くの、

――パレートの法則――

をつくりましたが、その中にこんなのがあります。

すなわち、企業の中においては、よく仕事の出来る二割のエリートが全体の仕事の八割をやってのけ、残った八割の人間で二割の仕事をやっている、というのです。そうするとエリートは、八割の普通の社員の十六倍の仕事をやっていることになります。

そしてパレートは、優秀な二割のエリートばかりを集めてきて、新たなチームをつ

くっても、その新たなチームのうちの二割が優秀になり、残りの八割は普通の社員になるそうです。そのことは、どこかのプロ野球チームが四番バッターばかりを集めたチームをつくりましたが、結局四番バッターらしい仕事をしたのは約二割だったことでも立証されています。また、高校の成績のいい者ばかりを集めた一流大学においても、落ちこぼれが出来るのです。みながみな、優秀になるわけにはいかないのですね。

だからわたしたちは、かりに自分が優秀であっても、傲慢《ごうまん》になってはいけません。いいご縁がいただけて優秀にさせてもらっていると考えて、ご縁に感謝すべきです。また、不幸にして落ちこぼれになっても、悲観しないでください。たまたまご縁がいただけなかったと思ったほうがいいのです。そして、明るくゆったりと生きるようにしましょう。

それが仏教の考え方なんですよ。

15

「愛語」と「沈黙」

仏教の言葉に「愛語」があります。これは、仏教者が他人とのかかわりを持つために必要な実践項目の一つとされています。

「愛語」といえば、誰もが「やさしい言葉」、「思い遣《や》りの言葉」だと思います。しかし、たんなるお世辞や、こびへつらった追従の言葉や、相手に取り入るための嘘などは、「愛語」ではありません。また、相手を甘やかす言葉が「愛語」だと思ってもらっては困ります。では、「愛語」とは何か？　ちょっと考えてみましょう。

わたしたちは、まちがったことを言ってはいけないと思っています。ということは、正しいことを言うべきだと思っているのです。しかし、わたしは、正しいことはあまり言わないほうがよいと思います。

と、こんなふうに言えば、きっと読者から猛反発を受けるでしょう。だが、考えてみてください。たとえば、目の前に遅刻した人がいます。その人に向かって、「遅刻してはいけない」と言うことは、正しいことです。また、学校や会社をずる休みした人に、「ずる休みはいけないことだ。ちゃんと学校（会社）に行きなさい」と言うのは、なるほど正しいことです。でも、わたしたちは、そんな言葉を相手に言うべきでしょうか……？

それを言われると、遅刻した人やずる休みした人は傷つきます。正しいことを言うべきだといった主張は、その意味では相手を傷つけよ、と言っていることになります。

そんな言葉、つまり相手を傷つけるような言葉は、仏教がいう「愛語」ではありません。わたしはそう思います。

そしてまた、そのような正しいことは、わざわざ相手に言ってあげなくても、相手にわかっていることです。だから、その意味では、それは不必要な言葉なんです。

では、わたしたちは何を言うべきでしょうか？

何も言わなくていいのです。

正しいことを言うことは、人を裁いていることなんです。しかも、裁判官であれば、情状を酌量します。被告人に有利な情状を酌みとってあげるのです。法律の条文は裁判においては正しいことなのですが、その条文だけによって裁くことをしないのが職業的な裁判官のあり方です。ところが、われわれが正しいことを言うとき、いっさいの情状酌量を排して、ただその正しいことだけで人を裁いているわけです。そうすると、そのとき、わたしたちは鬼の裁判官になっています。あるいは悪魔になっているわけです。

だから、正しいことは言わずにおきましょう。そして、相手の立場を理解してあげるのです。相手の立場をしっかりと理解できたとき、そのとき相手のために言ってあげる言葉が見つかります。その言葉が「愛語」です。もしも「愛語」が見つからないならば、沈黙すればいい。そのときは、その沈黙が「愛語」になっているのです。

16

井戸に落ちた月

「大変だ、大変だ！　月が井戸に落ちてしまったぞ」

あわて者の猿が大声で叫びました。その声で大勢の仲間の猿がやって来て、井戸の底をのぞき込みます。

たしかに井戸の底には月が映っています。それで猿たちは、月が井戸に落ち込んでしまったと信じたのです。

誰かがちょっとでも空を見ると、ちゃんと月があるのに、みんながみんな井戸の底だけ見て、月が井戸に落ちたと信じ込んだのです。

そこで、猿たちは月を助けようと思いました。

ボス猿が言いました。

「みんなで協力して、月を救いだそう。まず、あの井戸の上の木の枝にわしが左手でつかまる。そして、わしの右手におまえがつかまれ。そのおまえに、そうだきみがつかまれ。順々に手をつないでいけば、井戸の底に届くだろう」

その命令に従って、何匹もの猿が手をつなぎました。

けれども、深い井戸で、木の枝も高いところにあったもので、なかなか井戸の底まで届きません。「もう一頭、もう一頭……」と、どんどん猿が増えていきます。

すると、どうなるか、おわかりになりますよね。

そうです。猿たちの重さに木の枝が折れてしまい、猿は全員、井戸に溺れて死んでしまいました。

＊

「あなた方に、この話の意味がわかるだろうか……？」

お釈迦さまは、説法に耳を傾けていた弟子たちに問い掛けられました。

「この猿は、人間の愚かさを象徴しているのだよ。愚かな人間は、物質的に豊かになると幸福になれると錯覚している。そこで、みんなで力を合わせて、物質的豊かさを獲得しようとする。それは、ちょうど井戸の中の月を取ろうとするようなものだ……」

笑い話だと思って聞いていた弟子たちは、ちょっとびっくりしたような顔をしています。

お釈迦さまは説法を続けられました。

「愚かな人間は金儲けに血眼になって、みんなで働け、働けとやっているうちに、病気になって倒れてしまう。物質的豊かさが幸福をもたらしてくれると錯覚するから、そのような失敗をするのだよ。本当の幸福は、むしろ〝少欲〟によって得られるものなのだ。欲望を少なくすることが、真の幸福への道なのだよ。あなた方は、そのことを忘れずにしっかりと覚えておきなさい」

このお釈迦さまの説法は、なんだかいまの日本人のための説法のように思われます。

『摩訶《まか》僧祇律《そうぎりつ》』（巻七）に出てくる話です。

17

敗者に対する同情

競争社会というものは、必ず勝者と敗者をつくりだします。そして敗者は屈辱感を味わい、心が傷つきます。

と同時に、じつは勝者も傷ついているのです。この点はあんがいに気づかれていないのですが、勝者は勝つことによって驕りが生じます。いわゆる天狗になるわけです。それはそれで別段問題はなさそうですが、天狗になるということは自分の実力を過信しているのです。勝者になれたことは、ある意味で偶然なんです。たまたま勝者になれたわけで、実力のゆえということはほとんどありません。それなのに、自分は実力があるから勝者になれたのだと錯覚しているのです。それが問題です。

そして、そのような錯覚は、敗者に対する軽蔑の心を生みだします。他人に対して軽蔑の心を抱いたとき、その人の品格は下劣になっていきます。それが勝者の傷つきです。

こんな話があります。

田舎の高校で、二人のクラスメートが一流大学を目指していました。AくんとBくんにしておきます。Aくんは実力抜群で、先生たちも合格まちがいなしと評価していました。しかしBくんのほうは、今年は無理だろうと見られていたのです。

だが、結果は、Bくんが合格してAくんは落ちた。

それでAくんは、すっかり落ち込んでいましたが、そこにBくんが訪ねて来ます。たぶん自慢に来たのだろうと、Aくんの母親は「帰ってほしい」と言ったのですが、

「ぼくは彼にどうしても話したいことがあるのだ」

と、Bくんは強引に上がり込み、Aくんの部屋に入りました。そして、しばらく無言でいたのですが、やがて口を開いてこう言いました。

「ぼくときみと、一生懸命に努力した。二人で一緒に合格することばかりを願っていた。それなのに、ぼくだけ通って、こんな結果になってしまった。残念だ。ごめんね。ぼくは、きみが来年合格できることを祈っているよ」

Bくんは涙を流しながら帰って行きました。

そのとき、Aくんは思ったのです。

〈ぼくが合格して、Bくんが落ちていれば、ぼくはこんなことをBくんに言いに行っただろうか。ぼくが合格したら、自分は実力があるから通ったのだ。Bくんはもっと努力すればよい。そう思ったに違いない。きっとほとけさまはぼくに、おまえはBくんのような人間にならないといけないよ、と教えるために、ぼくを落とされたんだ。だから、不合格でよかったんだ〉

そのように思うことのできたAくんは幸福です。Aくんはお寺の子どもであったから、そう思うことができたのです。敗者に対する同情を忘れたとき、勝者は傷ついているのだと思います。

18

お不動さんの叱声

お不動さんは、正しくは不動明王といいます。インドの呼び名はチャンダマハーローシャナ（恐ろしき大忿怒尊《だいふんぬそん》）。〝忿怒〟というのは〝憤怒〟とも表記され、憤《いきどお》り怒ることです。まことにおっかない存在です。

なぜ、お不動さんはおっかないのか。

そうですね、仏はわたしたち衆生を救ってやろうとしておられます。じゃあ、人々を救うためにはどうすればいいのか。それには、まず人々に仏教の教えを説いて聞かせます。たとえば「少欲知足」といった教えですね。あなたがたの欲望を少なくしなさい、そして足るを知る心を持ちなさい。そのような教えをいろんな菩薩《ぼさつ》――観音《かんのん》菩薩や地蔵《じぞう》菩薩、文殊《もんじゅ》菩薩など――を通じて教えられます。菩薩はわたしたちにやさしく教えを説いてくださいます。

ところで、そのような菩薩の教えを、いっこうに聞かない人がいます。わたしは、いまの日本人がそうではないかと思います。「少欲知足」といった仏教の教えに耳を閉ざして、欲望を募らせてばかりいます。そのような人間は自分が悪いのだから、本当は見捨ててしまっていいのです。いわゆる自業自得ですね。

でも、仏の慈悲は、そのような人々をも救ってやりたいと思っておられる。それにはどうすればよいでしょうか？

菩薩のように、やさしく教えを説いていたのでは駄目なんです。「こらっ！　何をしているか?!」と人々を叱って、場合によっては剣でもって脅して、人々に仏教の教えを実践させる存在が必要になります。それが明王と呼ばれる存在で、お不動さん（不動明王）はその代表者です。

だから、お不動さんは人々を畏怖させる存在です。

＊

さて、昨今の日本人は、この「畏怖」といったことを忘れてしまったのではないでしょうか。「こらっ！」と、わたしたちを叱ってくれるお不動さんがいなくなったように思われます。

わたしたちはこんな贅沢な暮らしをしているのに、まだまだ贅沢を望んでいます。ちょっと景気が悪くなると、「困った、困った」と不満の声を発します。世界一の長寿国にもかかわらず、もっと長生きしたいと欲を募らせています。欲望だらけの日本人。仏教の「少欲知足」の教えに、誰も耳を傾けません。

悲しいことに、お不動さんがいなくなったのではないでしょうか。いや、そうではありません。お不動さんはあの怖い顔でわたしたちを叱ってくださっている。しかし、そのお不動さんのお叱りの言葉を、わたしたちが聞こうとしなくなったのです。

たぶん、それだけ日本人が傲慢になったのだと思います。傲慢になったがゆえにわたしたちにお不動さんの声が聞こえなくなったのです。罪はお不動さんにあるのではなく、わたしたち人間にあるのです。

19

がんばらない菩薩

『法華経』の「法師功徳品《ほっしくどくほん》」に常精進菩薩《じょうしょうじんぼさつ》が登場します。わたしは、この常精進菩薩を、

――がんばらない菩薩――

だと呼びたいのです。常精進菩薩は文字通りには、「常に精進をする菩薩」ですが、常に精進をしようとすれば、がんばってはいけません。がんばれば、きっと息切れするからです。

ちょっとここで、〝菩薩〟といった言葉を解説しておきます。

菩薩というのは、仏になる前の存在です。あるいは、仏になろうとして修行をしている人をいいます。または、仏への道を歩んでいる人です。したがって、菩薩というのは「求道者」だと思えばいいのです。

ところで、菩薩のうちには、観世音《かんぜおん》菩薩（あるいは観音《かんのん》菩薩）や地蔵《じぞう》菩薩のよう

に、仏になるための修行を続けて、実力的には仏と変わりのない菩薩もおいでになります。文殊《もんじゅ》菩薩や普賢《ふげん》菩薩もそうですね。

だが、そのように偉い菩薩だけが菩薩ではありません。じつは、わたしたちのように、仏道をほんのちょっと歩み始めたばかりの人間も、やはり菩薩なんです。だって、仏道を歩み始めるということは、やがてその道は仏に通じているから、その人は「仏になる前の存在」です。すなわち菩薩です。

つまり、菩薩というのは、どれだけ仏に近づいたか、その結果が問題ではなく、わたしたちが仏に向かって歩もうとする姿勢が大事なんです。なぜかといえば、わたしたちが仏道を歩んでゴールである仏に到達するためには、何度も何度も、いや何億回も生まれ変わって歩みを続けねばなりません。少なくともいま現在のこの一生において仏になることはできません。大乗仏教ではそのように考えられています。

そうだとすると、『法華経』に登場する常精進菩薩は、われわれのお手本とすべき菩薩です。わたしたちも常精進菩薩に倣《なら》って、仏道を常に精進して歩まねばなりません。

ところが、問題は、どのように精進するかです。精進とは努力です。わたしたちはどのような努力をすればよいのでしょうか。

努力といえば、現代日本人はすぐに「がんばる」ことを考えてしまいます。みんな口を開けば、「がんばれ！　がんばれ！」と言います。

しかし、仏への道ははるかに遠いのです。わたしたちが一生かかっても到達できない長距離です。そんな長距離をがんばるならば、わたしたちは息切れするにきまっています。だから、がんばってはいけないのです。

がんばらずに、ゆったりと道を歩んで行く。疲れたらすぐに休みましょう。走ってはいけません。のんびりと歩く。それが常に精進を続けるための秘訣です。

がんばらない菩薩――。それがわたしたちが仏道を歩むときのお手本になる菩薩です。わたしはそのように考えています。

20

疲れる前に休もう

《人の一生は重荷を負《お》うて遠き道をゆくがごとし。急ぐべからず》

これは徳川家康（一五四二―一六一六）の言葉です。

わたしは大阪生まれの人間です。十八歳で大学に入学したとき東京に出て来て、それ以後ずっと東京とその近郊に在住していますが、いまだに浪速《なにわ》っ子意識がありま す。だから太閤さん、豊臣秀吉（一五三七―一五九八）のファンで、狸おやじの家康はあまり好きではありません。したがって、ここに引用した家康の言葉も、わたしは賛成できないのです。

なるほど、人生を旅にたとえることはできます。そして家康が、「急ぐべからず」と言っていることには賛成です。人生の旅は急いではいけません。ゆったりとした旅をすべきです。

ですが、家康の言う「重荷を負う」がよくない。旅を楽しくするためには、荷物はできるだけ少なくしたほうがいい。重い荷物を持って旅をすれば、それだけで旅は苦痛になります。

では、「重荷」とは何でしょうか？　家康の場合であれば、それは天下を取ることと。わたしたちでいえば、いわゆる立身出世になるでしょう。ですが、成功しようと思って人生を生きるほど、つまらぬものはないと思います。

それは、途中の景色も楽しまず、神社仏閣があっても参詣もせず、飲まず食わずでひたすら目的地に急ぐ旅になってしまいます。それだと「急ぐべからず」になりません。ということは、重荷なんて背負わぬほうがよいのです。人生の旅は身軽にやりましょう。

それから、家康は言っていませんが、人生の旅には「休憩」も大事です。人生の旅を歩きづめに歩いたり、走りづめに走ったりすれば、倒れてしまうにきまっています。やはり途中のどこかで休むことが大事なんです。

ところで、その休みなんですが、たいていの人は疲れてから休みます。へとへとに疲れて、もう歩けないとなってから休むのです。でも、旅を楽しくするためには、疲れる前に休んだほうがよさそうです。へとへとになってから休めば、休んでいてもちっとも楽しくありません。そして、これから歩まねばならぬ前途を思って、うんざりするはめになります。

しかし、疲れる前に休めば、休みそのものを楽しめます。愉快に休むことができるのです。

だから、わたしたちは、疲れてから休むのではなしに、疲れないために休むのだと考えたほうがよいと思います。

じつは、ここに述べた人生の旅の三原則、すなわち、

——急がず・重荷を持たず・疲れぬために休む——

が、仏教が教える「中道」の歩みだと思います。中道というのは、ゆったりと、楽しみながら仏道を歩んで行くことです。わたしはそんなふうに考えています。

21

お薬師さんの救い

わたしの生家は薬屋でした。大阪の下町の小さな薬屋さんでした。だからわたしはお薬師さん（薬師如来）に親しみを感じます。

でも、ちょっぴり疑問がありました。

それは、お薬師さんがみんなの病気を治してしまわれると、薬屋さんが困るのではないか。ひょっとしたら、お薬師さんは薬屋にとって商売敵《がたき》なのではないか、といった疑問です。

ちょっと考えるとすぐに分かることですが、この世の中は、

——ご縁の世界——

ですね。たとえば誰かが大学に合格すると、確実に誰か一人は不合格になります。その場合、もしもほとけさまがある人を大学に合格させると、その人にとってはありがたいほとけさまですが、落ちた人にとってはありがたくはありません。そこのとこ

ろをどう考えればよいかが、仏教の勉強を始めた最初からのわたしの疑問でした。

だが、その疑問は、お薬師さんのお経である『薬師如来本願経』を読み直すことによって氷解しました。

お経によると、薬師如来の願いは、あらゆる衆生を救うことです。あらゆる衆生のうちには、もちろん病人も含まれています。しかし、病人だけではなしに、お医者さんや薬屋さんも含まれているはずです。医師や薬剤師、看護師たちをも幸福にするのがお薬師さんの願いです。

そうすると、どうなりますか？　医学の進歩によって、昔は不治の病とされたものが、だいぶ治るようになりました。現在は不治の病であるものも、医学の進歩によって将来は治るようになるかもしれません。

ところで、医学の進歩のためには、大勢の医師や薬剤師、研究者が必要です。そして、大勢の医師・薬剤師が生計を営むためには、病人・患者が必要になります。

つまり、医学の進歩のためには、病人が必要になるのです。

そうだとすると、薬師如来は、病気を治すことによって病人を救うだけでは、医学の進歩を妨げることになります。そこで、ある人々には、医学の進歩のために、あなたは病気になってほしいと頼むこともされると思われます。病人がいないと、医師や薬剤師が生活できませんから、医学の進歩もとまってしまうからです。

そこで薬師如来は、病人になってほしいと頼んだ人々に、必ずや病気に耐えて生きることのできる力を授けてくださいます。病気であるにもかかわらず、明るくほがらかに、幸せに生きる力を与えてくださるのです。わたしは、それがお薬師さんの救いだと思うのです。

で、あなたはどちらですか？　お薬師さんによって直接病気を治してもらった人ですか？　それとも、病気であっても明るく幸せに生きる力を与えてもらった人ですか？

22

ほとけさまの子を叱る

わたしの子どものころといえば、もう七十年の昔になりますが、あの当時のおとなは怖い存在でした。電車の中で子どもがふざけて騒いでいると、必ず誰かが、

「こらっ、静かにしろ！」

と叱ります。ときには拳骨《げんこつ》が飛んでくることもありました。そして、子どもがよそのおじさんに叱られているとき、付添いの親がまず謝ります。親が謝る姿を見て、子どももぺこりと頭を下げて謝るのです。そうすると、子どももそれが悪いことだと分かるのです。

しかし、現在の日本の社会では、他人の子どもに注意すると、親がその人に猛烈に抗議します。

「子どもが騒ぐのはあたりまえでしょう。あなたは何の権利があって、他人の子を叱るのですか!?」

だから、他人の子を叱るおとながいなくなりました。そのため、現代っ子たちは、他人の迷惑を考えず、傍若無人の振る舞いをするようになったのです。いや、子どもたちばかりではありません。いい年をしたおとなが、公共の場所で傍若無人の振る舞いをしています。これは、わたしたち以上の世代がいまの中年の世代を叱らなかったからだと思います。わたしはいま八十二歳ですが、この年齢以上のおとなに責任がありそうですね。

じつは、子育てをしている親は、なかなか子どもを叱れないのです。わが子を叱って、それで反感を持たれると困ります。例外もあるでしょうが、たいていの親はわが子に対してびくびく、おろおろしています。腫物《はれもの》に触るような気持ちでわが子に接している親があんがい多いと思います。

それゆえ、親はわが子を甘やかしてしまうのです。

そこで、親に代わって子どもを叱るおとなが必要なんです。

いいえ、親に代わってというより、ほとけさまに代わってと言うべきでしょう。

なぜなら、こどもはみんなほとけさまの子なんです。『法華経』の中で、

《今、この三界《さんがい》は　皆、これ、わが有《う》なり。
その中の衆生は　悉《ことごと》くこれ吾《わ》が子なり》

と、すべての衆生が仏子《ぶっし》であると述べられています。みんな、ほとけさまの子どもであって、子どもが成人するまでは親が子どもを預かっているのです。しかし、親だけが責任を負っているのではありません。親はたんなる名義人であって、子どもはみんなほとけさまの子であれば、子育てはみんなの連帯責任です。

だから、親がわが子を叱りにくいのであれば、近所のおとながほとけさまの代役になって、悪いことをしている子どもを叱らないといけません。子どもを叱らないでいると、子どもは悪魔になってしまいます。子どもをほとけさまの子に育てるためには、われわれおとなの責任が重いことを忘れてはなりません。

23

自分が変わる

仏教講演会のあとの聴衆との質疑応答ですが、あれは答えるのにちょっとした「技術」が必要です。わたしは、できれば質問者が自分のものの見方を変えられるようにと願って、質問に答えるようにしています。

たとえば、あるとき、こんな質問がありました。二十一歳になる娘が、自分の部屋を散らかし放しにしている。いくら注意しても、言うことを聞かない。どうすればいいか……? 仏教とはあまり関係のない質問です。わたしは一瞬、「部屋を散らかすかどうか、そんなこと〝生死《しょうじ》の一大事〟ではありませんよ。どうだっていいじゃないですか⁉」と答えようかと思いました。

でも、そんなふうに言われても、彼女の悩みは解消しません。そこでわたしは、こう答えました。

「あのね、韓国では、お嫁さんが家の中をきれいに掃除してぴかぴかに磨き上げる

と、お姑さんが、

〝そんなことをすると、福の神が逃げ出してしまう〟

と叱るそうですよ。あまりにきれいな所だと、福の神は居心地が悪いようです。日本でも、〝水清《みずきよ》ければ魚棲《うおす》まず〟と言いますよね。あなたの娘さんは、福の神を招いているのです。娘さんが部屋をきれいにすれば叱ってもいいが、散らかしているのだから、褒めてあげるべきでしょう」

聴衆は大笑いでした。質問した女性は、ちょっとびっくりした顔をしています。わたしは彼女に言いました。

「変な答えだと思ったでしょう……？　ちょっと肩透かしを食った気がするでしょう？」

「ええ」

「いえね、そういう考え方もあるんですよ。〝きれいにすべきだ〟といった観念に、あまりこだわらないほうがいいですよ」

聴衆の笑いに誘われたのでしょう。彼女もにこりと笑いました。

彼女は、部屋を散らかし放しにするのは良くないといった価値観を持ち、それを娘に強制しようとしています。だが、もしも娘さんが病的な潔癖症になれば、母親はどう考えるでしょうか。奇妙な不潔感に襲われて、五分毎《ごと》に手を洗わないと落ち着けない人もいるのです。そうなればきっと、「清潔なんて気にしないでほしい」と思うでしょう。

要するに、「散らかしにしたままではいけない」とか、「清潔にせねばならない」といったようなことは、どうだっていいことです。「生死の一大事」ではありません。その瑣末《さまつ》的なことにこだわり、自分の考えを相手に押し付けようとし、それを相手から拒否されたもので、悩み苦しんでいるのです。馬鹿らしいと思いませんか。

われわれは、相手を変えようとしますが、なかなか相手が変わらないのであれば、自分が変わればいい。そうすれば悩みは軽減されます。そのことをわたしは言いたかったのです。

24

こだわりを捨てる

趙州《じょうしゅう》（七七八―八九七）は中国禅僧のうちで最高峰とされる高僧です。生没年を見ると分かりますが、彼は百二十歳まで生きて説法したようです。

その趙州のところに、ある日、厳陽《ごんよう》という僧がやって来て問答します。まず厳陽は、

《一物不将来《いちもつふしょうらい》の時、如何《いかん》》――わたしは何もかも捨て去って、一物も持っていません。どうしたらいいでしょうか？――

と問いを発しました。彼は、自分はすべてを捨てたのだと豪語しています。褒めてもらいたいといった気持ちがありありです。

それに対して趙州は、

《放下著《ほうげじやく》》――投げ捨てろ！――

と応じます。この〝著〟は命令の意味を表わす助辞です。放下、すなわち放り捨て

ろという答えです。

《已《すで》に是《こ》れ一物不将来、這《こ》の什麼《なに》をか放下せん》――すでにすべてを捨てたのです。この上、何を放下すればいいのです!?――

厳陽はそう反問しました。当然ですね。それに対する趙州の返答はこうでした。

《恁麼《いんも》ならば則《すなわ》ち担取《たんしゅ》し去れ》――それなら、担いで行け!――

おもしろい禅問答ですね。

禅はわれわれに、あらゆる執着・こだわりを捨てろと教えています。それで厳陽は、自分はあらゆるこだわりを捨てたと思い込んでいたわけです。それに対して趙州は、おまえさんはこだわりを捨てたというこだわりを持っているではないか。その捨てたというこだわりを捨てないと駄目だよ、と教えたのです。でも、その趙州の教えは、厳陽には通じなかったようですね。

それはともかく、わたしたちはさまざまなこだわりを持っています。家族にあっては良き夫・良き妻・良き父親・良き母親・良き子どもでなければならぬというこだわりを持っています。そして会社にあっては良きサラリーマンでなければならぬというこだわりがあります。勤勉であることにこだわり、まじめであらねばならぬとこだわり、努力することにこだわっています。その結果、わたしたちは自縄自縛《じじょうじばく》の状態になっていませんか?

そんなこだわりをさっさと捨てて、もっと自由に、おおらかに生きよ! 禅はわたしたちにそう教えてくれています。

でもね、まじめさ・勤勉・努力に対するこだわりを捨てることが、不まじめに生きよ! 怠けよ! というのではありませんよ。そう思うのは、こだわらないことにこだわっているのです。

まじめさ/不まじめ、勤勉/怠惰といった二極対立の枠を超えた、もっと自由でおおらかな生き方があるはずです。禅は、そのような自由な生き方を見つけろ! と、わたしたちに教えてくれているのです。その自由な生き方を見つけるために、まずこだわりを捨てねばなりません。それが「放下著」なんですよ。

25 世界はすべて「仏の庭」

天下人《てんかびと》と呼ばれた豊臣秀吉（一五三七―一五九八）は、相当にスケールの大きな人物だったようです。

あるとき、秀吉が可愛がっていた小鳥を、家来が不注意で逃してしまいました。家来は顔面蒼白になり、切腹を覚悟して報告し、謝罪しました。すると秀吉は「あははは」と笑いながら、

「八十余州、広しといえどもみなわが庭である。切腹などせずともよい」

と鷹揚に言ったそうです。

八十余州というのは日本全国です。その日本全国が自分の庭だから、小鳥は籠から外に出ても、どうせ自分の庭で遊んでいるのだ。心配するな。秀吉はそう言っているのです。

その度量の大きさには感心します。

ところで、仏教においては、われわれの住むこの世界を、

――ご縁の世界――

と見ています。みんなお互いに関係し合って生きているのです。

この「ご縁の世界」においては、誰かが得をすれば誰かが損をします。誰かが大学に合格すれば、確実に誰かが不合格になります。もっとも、受験者が定員より少ないと、全員が合格できますが……。勝ち組がいれば負け組がいます。それが「ご縁の世界」のあり方です。

その意味では、この世はちょっと住みにくいですね。みんながみんな得をすることができないのですから。

そこで、われわれは見方を変えて、この世の中を、

――仏の庭――

と考えてみたらどうでしょうか。そうすると、だいぶ気が楽になるように思います。

そうです、あなたが飼っていた小鳥が逃げ出しても、小鳥がいなくなったわけでは

ありません。小鳥は仏の庭で遊んでいるのです。そしてあなたも仏の子なんだから、仏の庭はあなたの父親の庭です。

そう考えると、小鳥が逃げ出しても、あなたはあまり悩む必要はありません。

あなたがかりに大学受験に失敗して不合格になっても、あなたの代わりに誰かが入学してくれました。その人があなたの代わりにしっかり勉強してくれるでしょう。あなたは来年に入学すればいいのです。来年がだめなら、再来年でもいい。あなたはゆったりと勉強すればいいのです。

わたしたちはみんな仏の子で、仏の庭で遊んでいます。あなたが損をしても、誰かが得をしています。あなたは、その得をした人にちょっと布施してあげたと思えばいい。

また、誰かがあなたのために何かを布施してくれています。そう考えることができたならば、あなたは損をしてもあまりじくじく悩まなくてもすみます。

みんな仏の子なんだと、お互いに布施の心で生きたほうがよいと思います。

26

いわゆる「変人」が仏教者

『アンデルセン童話集』（大畑末吉訳・岩波文庫）に「みにくいアヒルの子」があります。有名な話ですね。

本当は白鳥の子なのに、アヒルの卵に混じって孵化《ふか》され、アヒルのお母さんに育てられた一羽がいます。それで、アヒルの物差しからすれば、その子は「醜い」のです。でも、お母さんアヒルは最初は、

《この子はきりょうよしではございません。けれども、気だてのよい子でして、それに泳ぎもほかの子に負けずに、いえ、ことによると、いくらかじょうずなくらいですの！……それに、この子は男の子でございますもの。きりょうなんてことは、たいしたさわりにはなりませんわ。この子はきっと強くなって、りっぱにやりぬいてゆくと、わたしは信じておりますの！》

と言っていました。でも、それは長続きしません。白鳥の子はみんなにいじめられ

て、ついにお母さんまでが、
《いっそどこか遠いところへ行ってくれたらねえ！》
と言うようになりました。
もちろん最後は、その子は白鳥の仲間に迎えられ、幸福になります。ハッピー・エンドのお話です。
ところで、わたしはこの話を思い出して再読して考えたのですが、ひょっとしたらこの醜いアヒルの子は、
――仏子《ぶっし》――
ではなかろうか、と思いました。「仏子」というのは、『法華経』(譬喩品《ひゆほん》)の中で
《今、この三界《さんがい》は　皆、これ、わが有《う》なり。
その中の衆生は　悉《ことごと》くこれ吾《わ》が子なり》
と釈迦仏が言っておられるように、われわれ衆生はみんな釈迦仏の子なんです。仏の子が、ちょっとした事情があって、一般世間の人と一緒に住み、育てられているのです。そう考えたほうがよいと思います。

つまり、仏教者というのは、「醜い世間の子」なんです。本当は仏の子であって美しいのに、世間の人とだいぶ違っているもので、その世間の人を標準とする物差しでもって測ると「醜い」と評価されてしまうのです。

ということは、これを逆に考えるなら、仏教者は世間一般の人々とちょっと違ったものの考え方をすべきなんです。世間で言う普通の人であっては、仏教者にはなれない。世間の人から「変人」だと見られた人が、本当の仏教者なんでしょう。たとえば、世間の人は、損をするのが大嫌いです。損なんてしたくない。得をしたい。そう考えているのが世間の普通の人です。

それに対して、〈ちょっとぐらい損してもかまわない〉と考えることができる「変人」が仏教者でしょう。満員電車の中で、たしかに立っているのは疲れますが、まあ、自分は若いんだから立っていてもいいよ……と考えられるのが仏教者です。そしてそれが布施のこころだとわたしは思っています。

27 欲望を減らす

一個百円のドーナツを三個買えば二百五十円に負けてくれます。太郎くんはそこでドーナツを三個買いました。太郎くんはいくら得をしたでしょうか？

このような問題を出すと、たいていの人は「五十円得した」と答えます。百円のドーナツを三個買えば三百円になるのに、二百五十円しか払わないですんだのだから、差し引き五十円の得と計算するからです。

でも、考えてみてください。太郎くんは本当にドーナツを三個も食べたかったのでしょうか……？　もしも彼が本当は一個しか食べたくなかったのであれば、三個も買った太郎くんは、百円ですむところを二百五十円も払ったのだから百五十円損をしたことになりませんか。

あるいは、こんな答えも考えられます。太郎くんには次郎と三郎の二人の弟がいて、その二人の弟にそれぞれ一個ずつドーナツを百円で売りました。だから、彼は五十円で百円のドーナツを食べることができた計算になり、五十円得したことになります。いや、二人の弟に売りつけるつもりでいたのに、一人しか買ってくれなかったもので、結局は五十円を損したことになる。そういうケースだって考えられます。

まあ、ともかく、いろいろな答えが考えられるのです。正解は一つしかないという思い込みだけはやめにしませんか。

*

だが、わたしの言いたいことはそれだけではありません。わたしは、仏教が教える、

——少欲知足——

を力説したいのです。仏教は、欲を少なくし、足るを知る心を持てと教えています。われわれはその教えを忘れてはなりません。

たとえば、あなたがドーナツを二個食べたいと思って買いに行ったとします。ところが、一個百円のドーナツが三個買えば二百五十円になることが分かりました。そうすると、多くの人がドーナツを三個買って、〈五十円を得した〉と思いますね。それ

が現代の資本主義社会の常識のようです。

けれども、その常識はおかしいと思いませんか。

あなたはドーナツを二個食べたいと思っている（それがあなたの欲望です）のに、なにもわざわざ三個食べる必要はないではありませんか。しかも無理して三個食べて、それで〈五十円の得〉と考えるのはまったくおかしい。むしろ〈五十円の損〉と考えたほうが計算が合っているのではありませんか。

ドーナツに限らず、現代社会においてはこの手の「無駄」が多いようです。特売日だからといって余分な物まで購入し、冷蔵庫の中で腐らせてしまうような無駄をやっています。

わたしたちは欲望を少なくすることを考えるべきです。二個のドーナツを一個に減らすことを考えたほうがよい。それなのに三個も買うなんて、まさに愚か者のすることだと思われませんか。

28

ゆったりと生きる人生

わたしたちが何のために仏教を学ぶかといえば、その教えを生活に生かすためです。でも、その生かし方がなかなかむずかしいのです。

たとえば、二人のきょうだいにケーキが一つしかなければ、親は子どもに「半分こして食べなさい」と教えます。それが「布施」の思想であることはまちがいありません。

だが、そのお子さんが、下校のときに自分の傘にお友だちを入れて、相合い傘で帰って来たら、親はどう思いますか？　二人とも濡れます。ずぶ濡れになって帰って来た子を、親は褒めることができるでしょうか？

ある意味では、仏教の教えを学ぶと損をします。得をしたいのであれば、むしろ仏教なんか学ばないほうがよさそうです。

それから、仏教の教えを学んでも、あまり問題解決にはなりませんね。

たとえば病気になったとき、問題解決というのはその病気を治すことです。でも、いくら仏教を学んでも病気は治りません。病気を治したいのであれば、やはり医者に相談したほうがいいでしょう。

貧乏を苦にして――問題にして――金持ちになるために仏教を学ぶというのは、完全なお門違《かど》いだと思います。

仏教は、問題解決の方法を教えてくれるのではありません。仏教が教えてくれるのは、病気になれば、病気を苦にすることなく、病気のまま明るく、楽しく、安らかに生きる、人間らしい生き方です。貧乏な人が、貧乏なまま幸せに生きる生き方を、仏教は教えてくれるのです。

悲しいときには悲しいままに、苦しいときには苦しいままに、明るく、ゆったりと人生を生きる、そのような生き方を学ぶために、わたしたちは仏教を勉強するのです。悲しみを紛らわしたい（問題解決をしたい）のであれば、あんがい酒でも飲んだほうがましかもしれません。

わたしたちがこの競争社会の中で、競争の勝者になりたい、敗者になりたくないと思えば、どうしても他人の足を引っ張るような生活をせざるを得ません。得をしたい、損はしたくないと思えば、がつがつし、いらいらし、あくせくとした人生を送るはめになります。でもね、〈ちょっとくらい損をしたっていいではないか〉と思うことができれば、もう少しゆったりとした人生を送ることができるでしょう。その意味で仏教は、わたしたちに、

――損をする勇気――

を教えてくれているのです。もちろん、大損をせよというのではありません。あなたができる、ほんのちょっとした損でいいのです。

仏教を学んで金儲けができるわけではありません。病気が治るわけではない。仏教は、わたしたちが人生をゆったりと、のんびりと生きる、その生き方を教えてくれているのです。

29

ちょっと損をする布施

職業欄には「無職」とか「文筆業」と記入するわたしです。自由業なもので、めったに通勤電車に乗ることはありません。

ところが、二十年も昔の話ですが、大学生の息子と一緒に通勤の時間帯に電車に乗りました。始発駅からの乗車なもので、座席は少し空いています。わたしは着座したのですが、息子はわたしの席の前の吊り革につかまって立っています。「なぜ座らないのか？」と訊《き》くわたしに、

「お父さん、この電車は、すぐに超満員になるんだよ」

と答えました。それなら、満員になってから席を譲ってあげればいいではないか、とわたしは言ったのですが、それに対する息子の答えは、

「でも、いちいち人に譲るのは面倒だから、最初から立っているよ」

というものでした。わたしには、そのときは釈然としない答えでした。

だが、ずっとあとになって、わが国、曹洞宗の開祖道元禅師（一二〇〇―一二五三）の『正法眼蔵《しょうぼうげんぞう》』を読んでいて、その中に、

《その布施といふは不貪《ふとん》なり。不貪といふは、むさぼらざるなり》（「菩提薩埵《ぼだいさった》四摂法《ししょうぼう》」の巻）

とあるのを見つけたとき、〈ああ、息子が言っていたのはこのことなんだな〉と気がつきました。

わたしたちは、他人に財物などを施すのが布施だと思っています。したがって、満員電車の中で、老人や身障者に席を譲ることも布施になるでしょう。しかし、その場合、〈老人が気の毒だから座らせてやる〉と考えて譲ったのでは、本当の布施にはならないでしょう。なぜなら、譲る側の人に優越感が生じ、老人に対する軽蔑の心があるからです。

ですから、わたしは、施しが真の布施になるためには、施したほうが受けてもらった人に、

「ありがとう」

を言わねばならない、と説明してきました。普通のお恵みであれば、そのお恵みを受けた人間が「ありがとう」を言います。しかし、仏教の布施は、施したものが「ありがとう」を言うべきなんです。それが普通の仏教的解釈です。

しかし、道元禅師の解釈はそうではありません。満員電車の中で、はじめから座らず立っているのが真の布施だ。われわれはみんな座りたいといった気持ちを持っています。その気持ちを抑えて、自分は疲れるけども、少しがまんをして立っている。そうすると、座りたい人が座れるようになります。それが本当の布施だと、道元禅師は言われているのです。

ということは、布施というのは、他人に恩恵を施すといった傲慢な気持ちを捨てて、自分がちょっと損をすることなんですね。だとすると、どうやら息子のほうが正しかったようです。

30

仏教が教える智慧

病気になれば、たいていの人は病気を治すことを考えます。貧乏であれば、その貧乏を克服して金持ちになるように努力します。つまり人々は、問題を解決しようとするわけです。

病気にもいろいろありますが、かりにがんだとしましょう。現在のところ、がんは不治の病であって、手術によって患部を剔出《てきしゅつ》するか、抗がん剤を投与するか、放射線照射するか、それしか対症療法はありません。いずれにしてもがんを治そうとすれば、一日のほとんどの時間がそれにとられてしまいます。

わが子が心の病気である不登校・引きこもりになれば、親はなんとかして子どもを学校に行かせようとします。問題解決をはかろうとするわけですが、そうすることによって子どもを傷つけ、ときには子どもが自殺することもあります。自殺するくらいであれば、不登校なんか問題じゃないと気がつくのですが、それではもう遅いのです。

貧乏から脱却して金持ちになるためには、たぶん過労死を覚悟してまで働かねばならないでしょう。

ここでちょっと考えてみてほしいのは、どうして問題を解決しないといけないのか、といった疑問です。わたしたちは病気のまま、貧乏なままで、幸せに生きることができるのではありませんか。かりに貧乏を克服して大金持ちになったとしても、それで幸福になれる保証はありません。世の中には、幸福な金持ちもいれば、不幸な金持ちもいます。また、幸福な貧乏人もいれば不幸な貧乏人もいます。貧乏であれば、幸福な貧乏人になることを考えるべきです。病気になれば、幸福な病人になることを考えたほうがよいでしょう。

じつは、仏教というのは、「智慧の宗教」です。わたしたちに人生の智慧を教えてくれるのが仏教です。

ですが、仏教が教えてくれる「智慧」は、問題を解決するための知恵ではありません。わたしは、〝智慧〟と〝知恵〟とを区別しています。問題を解決するための知恵は、いわゆる世間の知恵です。世間の知恵は、どうすれば金持ちになることができるか、どうすれば病気を治すことができるか、どうすれば立身出世ができるかを教えてくれています。もっとも、それらの知恵を学んで、本当に問題が解決するかどうかは分かりません。が、ともあれ、どうすればいいかといった「ハウ・ツー」を教えてくれます。

けれども、仏教の智慧は、そのようなものではありません。仏教の智慧は、われわれが病気になっても、病気のまま毎日を幸せに生きることを教えてくれるものです。引きこもりになれば、引きこもりのままししっかりと人生を生きることを教えてくれます。貧乏であれば、貧乏のまま家族がそろって笑顔で生きるようにと教えてくれています。

要するに、仏教は、いかなる状況にあっても、わたしたちが人間らしく生きることを教えてくれているのです。わたしはそう考えています。

31

真珠の涙を流す

不景気なもので、首切りに遭う心配をして、不安に怯えている人がいます。あるいはわが子の死に遭遇して、悲しみに打ちひしがれている人がいます。どうすればいいのでしょうか……？　そう尋ねられることがしばしばあります。

この問いに対して仏教の立場から答えるとすれば、

——あきらめなさい——

としか答えようがありません。そして、そのようなわたしの答えを聞いた人は、たいていが、

〈なんだ!?　そんな言い方はないだろう。もっと親切に答えろ！〉

といった表情をされます。そういった反応が返ってくるのは、人々は、仏教が不安を克服し、悲しみを軽減させる方法を教えてくれると思っているからです。しかしそれは、仏教に対する筋違いの期待です。

考えてみてください。会社において、首を切られない方法がありますか？　そんな方法があれば、サラリーマンはとっくの昔にそれを実践していますよ。悲しみを軽減する方法があれば、誰もがその方法を使います。大昔から今日まで、多くの人々が愛する者との離別を歎き悲しんできました。悲しみを軽減する方法がないからこそ、人々は悲しみの涙を流したのです。

だから、不安になったとき、悲しみに遭遇したとき、わたしたちはただあきらめるよりほかありません。ただし、この場合の「あきらめ」は、断念することではなしに、不安を克服し、悲しみを軽減する方法のないことをしっかりと明らめることです。

不安の克服は不可能であり、悲しみを軽減できないことを知って、わたしたちは不安に怯え、悲しみの涙を流せばいいのです。それが仏教の教えです。

江戸中期の禅僧に白隠禅師（一六八五―一七六八）がいます。その白隠禅師の弟子に阿察《おさつ》という名の女性がいました。彼女は在家の身ながら、相当深く禅を学んだのです。

ところが、この阿察婆《ばあ》さんは、孫娘の死に直面して、棺桶の前でわんわん泣いています。あまりにも激しい悲嘆ぶりに、周りの人々が忠告しました。

「阿察さん、あんたは白隠禅師に禅を習ったんだろう。そんなに泣くなんて、禅の教えが役に立っていないではないか」

「やかましい！　わたしの涙は尋常の涙ではないんだ。わたしは真珠の涙を流しているのだ」

それが阿察の返答でした。

禅というものは、悲しいときに、悲しまずにいられる精神力を養うものではありません。悲しいときにしっかりと悲しみ、そして真珠の涙を流せる。それを教えているのが禅であり、仏教です。

不安なときは不安に怯えればいい。わたしはそう考えています。

32

「忘己利他」

伝教大師最澄の言葉に、
——忘己利他《もうこりた》——
があります。「さんざんな目にあって、もう懲《こ》りたわ」と言っているようで、この言葉を聞くたびに苦笑してしまいます。

いいえ、これは不まじめな言葉ではありません。最澄の『山家学生式《さんげがくしょうしき》』にある言葉で、正しく引用しますと、
《悪事を己に向かえ、好事を他に与え、己を忘れて他を利するは、慈悲の極みなり》
です。好ましくないこと（悪事）は自分が引きうけ、好ましいことは他人に与える。自分の利害を忘れて他人を利することこそ、究極の慈悲である。そういった意味です。

ところで、他人のために何かをしてあげたいといった気持ちは誰だって持っていま

す。しかし、それがために、かえって悪い結果になることがあるのは、多くの人が体験するところです。

たとえば、嫁と姑の問題で考えてみましょう。嫁が姑を喜ばせようとして、外出のついでに鰻《うなぎ》のかば焼きを買ってきます。さぞやお義母《かあ》さんは喜んでくれるだろうと期待していますが、それほどのお礼の言葉が返ってこないようなとき、姑に対する憎しみさえ起きてきます。年寄りにすれば、その日はあまり食欲がなく、あっさりした物を食べたかったのです。だから、鰻を見てうんざりしたのかもしれません。

逆に、嫁の留守中に、姑が食器を洗っておいてくれた。しかし、嫁からすれば、食器は完全に洗えていない。どこかに汚れがついています。そうすると、再び洗い直さねばなりません。そこで、「お義母《かあ》さん、あまり余計なことはしないでください」と言いたくなります。その言葉をいくらやさしく言ってみたところで、姑はカチンときます。

世の中は、だいたいがこういうものです。利他のつもりでやったことが、かえって不和をもたらすことになるのです。

これは、わたしがあなたにしてあげたといった気持ちがあるからです。そのわたしがといった気持ちをなくさないといけないのです。それが「忘己」です。自己をなくすことです。

具体的にはどうすればいいのでしょうか？

たとえば、満員電車で老人に席を譲ります。それは立派な布施の行為ですが、相手に喜んでもらおうという気持ちがあると、忘己になっていません。相手に喜んでもらおうということは、相手からのお礼の言葉を期待しているからです。そして、お礼の言葉がないと腹が立ちます。

それゆえ、席を譲るのではなしに、はじめから座らないのです。それが布施。座らずに立っているのは疲れますが、自分がその疲れるという悪事を買って出ます。そうすると誰かが座れますから利他になります。

つまり、忘己がそのまま利他になっているわけです。

33

相手を変える

「自分が変われば、相手が変わる」

そんなふうに言われる人がいます。

夫婦の関係、嫁と姑の関係、職場の人間関係など、しばしば対立することが多いですね。そして人は、その人間関係のトラブルに悩み、苦しみます。

そんなとき、よく聞かされるのがこの言葉です。あなたが相手に対する態度を改めるなら、必ず相手も態度を変える。だから、あなた自身が自分を変えるように努力しなさい。そういった忠告がなされます。

そして、実際に、自分が変わることによって、相手との人間関係が改善されることがあります。

けれども、まちがってもらって困るのは、相手を変えるために自分が変わろうとしてはならないのです。そんなことをすれば、相手に対する憎しみがますます強くなります。

すなわち、たとえば、嫁が姑に対する態度を改めます。ほんの少しやさしくする。あるいはちょっとしたお世辞を言う。そうすることによって、姑が自分に対してやさしくなることを期待します。だが、義母の自分に対する態度は変わりません。そうすると彼女は、

〈わたしがこれほどまでに尽くしているのに、お義母《かあ》さんはいっこうにやさしくならない。お義母さんはいやな人だ！〉

と思うようになります。かえって逆効果なんです。そうであれば、むしろ自分を変えないほうがよかったのです。これは、どこにまちがいの原因があるかといえば、いくら自分が変わっても、それによって相手が変化することはないからです。

と言えば、「自分が変われば、相手が変わる」というのは嘘なのかとなりそうですが、それは嘘ではありません。ただし、自分が変わると、相手に対する自分の見方が変わるのであって、相手という実体そのものが変わるのではありません。相手は相手のままです。

これは、暑さ、寒さというもので考えてみるとよく分かるでしょう。〈いやだ!〉〈たまらない〉と思っている夏の酷暑も冬の厳寒も、海水浴やスキーに行けば、暑ければ暑いほど、寒ければ寒いほど、いいものになります。温度計で計測した暑さ、寒さには何の変化もありませんが、自分の見方が変わることによって、それに対する自分の気持ちが変わるのです。それが、「自分が変われば、相手が変わる」の意味です。

だから、姑に接する嫁の態度が変わると、嫁自身の姑に対する見方は変わります。その見方の変化によって、人間関係の煩わしさが少しは軽減されるでしょう。

けれども、勘違いしてはいけないのは、姑その人を嫁は変えることはできません。姑の性格や人柄はそのままです。したがって、嫁が自分を変えることによって姑を変えようとしてはいけないのです。そんなことをすれば、かえって逆効果になることを知っておいてください。

34

ご馳走を食べない

好んで鸚鵡《おうむ》の肉を賞味する国王がいました。昔のインドの話です。狩猟者たちは国王の歓心を得るために、鸚鵡を捕えて国王に献上します。料理人は、その中からいちばん肥満したものを選んで国王の食膳に供しました。

そこで、一羽の鸚鵡が考えたのです。この牢獄から脱出するにはどうすればよいか？　太ってはいけない。貪《むさぼ》る心をやめよう、と。そうして彼は仲間たちに言います。

「みんな、聞いてほしい。しばらく食物を断とう。そうすると、身体は痩せ細る。少しぐらい苦しくとも、命は助かるのだから」

だが、眼前に見せつけられたご馳走を前にしては、この鸚鵡の提案に同ずる者は誰もいません。ただ彼だけが、その日以来、食を減じました。そのために彼は針金のように痩せ細り、ある日、籠から自由に飛び立つことができたのです。

この話は『六度集経《ろくどじっきょう》』（巻四）に出てきます。われわれ現代日本人に対する苦言になっていますね。

仏教の教えは、基本的に、

——少欲知足——

です。あなたの欲望を少なくし、足《た》るを知る心を持ちなさい、というのが仏教の基本原理です。それは誰もが知っています。

ところが、現代社会は、わたしたちの前に豪勢なご馳走を並べてくれます。そのご馳走を食べると、わたしたちは肥満体になります。肥満体になるということは、ますます貪欲になるのです。ご馳走を食べる前は、そんなに貪欲ではなかったのに、いったんご馳走をいただくと、どうしようもない欲望人間になってしまうのです。

考えてみると、敗戦直後の日本全体が貧しい時代には、みんながわりと明るく幸せに生きていました。「狭いながらも楽しいわが家」と、そんな言葉がありました。

ところが、高度経済成長期を迎えると、ちょっと努力すれば収入が増えるもので、みんながあくせくし、いらいらし、がつがつと努力するようになったのです。ゆったり、のんびりと生きようとする人々を、「やる気がない」といった言葉で非難し、除《の》け者にしてきたのです。つまり、日本人はおしなべてご馳走の魅力に負けてしまったわけです。そして肥満体になった人間だけが正常な人間だと錯覚しました。

馬鹿ですねぇ、日本人は。欲望に苛《さいな》まれて、あくせく、いらいら、がつがつと生きる人生のどこに幸せがあるのですか。そんな人生は地獄そのものです。

わたしたちは、仏教の「少欲知足」の教えに学んで、ちょっとご馳走を食べるのをやめましょう。節食するのは苦しいでしょうが、痩せ細ることができれば、わたしたちはゆったりと、のんびりと生きることができるのです。それが地獄からの脱出になります。牢獄の中でご馳走を食べるより、粗衣粗食の自由な生活のほうがすばらしいと思いませんか。

35

他人を傷つけない言葉

不用意に発せられた言葉は、他人を傷つけることがあります。自分は別段、相手を貶《おとし》めるつもりがなくても、相手はそれを気にし、そしてその言葉を発した人を憎むようになります。そうすると、言葉は相手を傷つけると同時に、また自分をも傷つけるのです。

では、相手を褒める言葉であれば問題はないかといえば、この褒め言葉もあんがいにむずかしいものです。見えすいた世辞や追従は、聞かされる人もそれほどうれしくありません。また、お世辞たらたらの人は、その人の人格が疑われるでしょう。

言葉というものはむずかしいものです。

では、わたしたちは、どのような言葉を発すべきでしょうか？

それについては、釈迦世尊は次のように教えておられます。

《自分を苦しめない言葉、また、他人を傷つけない言葉のみを語れ》（『ウダーナヴァ

ルガ』八・一二）

その言葉を発することによって、自分が苦しんだり、相手を傷つけたりするような言葉は語るべきではないというのです。

これと同じことを、わが国の曹洞宗の開祖の道元（一二〇〇—一二五三）が言っています。

《学道の人、言《こと》ばを発せんとする時は、三度《みたび》顧《かえりみ》て自利利他の為に利あるべくんば是《これ》を云《いう》べし。利ならん言語《ごんご》は止《とど》まるべし》（『正法眼蔵随聞記《しょうぼうげんぞうずいもんき》』（流布本）六・三）

学道の人とは、仏道修行をしている人です。その人は、何かを言おうと思ったとき、この言葉を言うことは自分にとって利益になることか、また相手の利益になることか、三度にわたって熟慮せよというのです。そして、利益がないのであれば、そのような発言をすべきではない。沈黙しているほうがよい。道元はそう言っています。釈迦が言っておられることと同じです。

わたしたちは、〈あんな言葉は言うべきではなかった〉と、あとで反省することがあります。けれども、いったん発した言葉は取返しがつきません。それで、〈言わなければよかった、言わなければよかった〉と、いつまでもくよくよ悩むはめになります。つまり、自分が不利益になっているのです。だから、そうならないために、われわれは言葉を発する前に、この言葉を言うべき必要があるかどうかをよく考えろ、と道元は忠告してくれているのです。

それから、相手を傷つける言葉も言うべきではありません。音痴の人に向かって「おまえは音痴だ」と言う。それを言われて、その人はうれしいでしょうか。相手にとってうれしくない言葉は、たいていの場合、言う必要のない言葉です。そんな言葉を発するよりは、沈黙を守っているほうがよいのです。

そして、以上のように言ったあと、道元は次の言葉を付け加えています。

《かくのごときの事も一度にはゑがたし。心にかけて漸々《ぜんぜん》に習ふべきなり》

36

泥の中に幸福はない

愚かな男が大きな池の辺《ほとり》にやって来て、水の底に何か光る物を見つけました。

〈きっとあそこに黄金があるのだ〉

そう思って男は水の中に入り、泥をかきまぜて探します。けれども、何も見つかりません。

彼はあきらめて池から出ます。しばらく休んでいると、濁った水がだんだん澄んできます。すると、再び水中に光る物が見えました。男はもう一度池に入り、泥をかきまぜて探します。しかし、やはり徒労でした。

一方、その男の父親が、息子の帰りが遅いので、心配して迎えに来ました。

「おまえは何をしている？」

「水底《みなそこ》に黄金があるのですが、池の中に入って探しても見つかりません」

息子からそう聞いた父親は、岸に立って周囲を見ます。なるほど、水の底に何か光る物が見えます。

〈これはきっと、池の岸にある樹の上に黄金があって、それが水に映っているのだろう〉

そう考えた父親は、そこで樹上を探しました。するとそこに黄金がありました。

この話は、仏教経典の『百喩経《ひゃくゆきょう》』（巻二）に出てきます。経典によると、この話はわれわれに「無我」を教えています。愚かな男が池に映っている黄金の影を黄金そのものと錯覚しているように、わたしたちも仮の姿にすぎないこの身体を本当の「われ」と思い込み、その自我に執着しています。その愚かさを諭《さと》した話です。

でも、わたしは、この話をちょっと違った角度で解釈したいと思います。

それは、本当の幸福というものは、じつは樹の上にあります。

ところが、わたしたちはそれに気づかず、幸福は池の中にあると思い、池に入って泥をかきまぜて幸福を探します。それだと見つかるはずがありません。

本当の幸福というものは、簡単に言えば、一家団欒《だんらん》で食事ができることです。そんなにご馳走がなくてもいい。みんなが笑顔で楽しく食事ができる。それ以上の幸福はありません。

だが、わたしたちは、そんな一家団欒を犠牲にして、泥の中に黄金を求めています。亭主は会社人間で、家族と一緒に食事をしません。奥さんも外に出て働いています。収入をよくするためです。子どもは鍵っ子になるか、進学塾に通わされています。老人たちは老人ホームに住む。みんなてんでばらばらの生活をしています。すべては物質的欲望を充実させるためです。

それで幸福が得られるでしょうか……？

泥の中に黄金という幸福があるわけがありません。泥の中で得られるのは泥だけです。

わたしたちは愚かな男と同じく、大きな錯覚をしているのですよね。

37

まちがいをする人間

今朝、おもしろい夢を見ました。

わたしは夢を見るとき、いつも、〈ああ、これはこういう意味なんだな。この事件はこう解釈するとすっきりと意味が通じる〉と、夢のストーリーを解釈し、矛盾するところは修整しながら見ています。

ほかの人がどういうふうに夢を見ておられるのか分かりませんが、わたしの場合、まるで小説を書いているかのような形で夢を見ています。

わたしのおじいちゃんが毛筆で『般若心経』の写経をしていて、途中でわたしが交替して写経を続けていました。これも夢の中で、〈ああ、これは『般若心経』の写経なんだ〉とわたしが解釈しているのです。でも、おじいちゃんが書いた部分は、カタカナ混じりの文章ですから、『般若心経』であるはずがありません。しかし、夢の中のわたしはそれを『般若心経』だと決め込んでいます。

ついでに言っておきますと、わたしが生まれたときには祖父はこの世にいなかった。だから夢の中の人物が祖父だかどうだかわからないのですが、わたしはそれを祖父と決めて夢を見ていました。

こんな調子で紹介すると長くなりすぎます。あとはざっと荒筋だけを書きます。

そこにおじいちゃんの友人の老人がやって来ます。そしてその老人が、『般若心経』の写経の誤字を指摘します。こんなまちがったものを仏壇にお供えするわけにはいかないから、全体をもう一度書き直せと命じます。

指摘された部分を見ると、なるほどまちがいがあります。しかし、その部分は祖父が書きました。ですからわたしに責任はありません。

まあ、その誤字を訂正してもいいのですが、わたしは頑強に訂正を拒みました。

「なぜだ⁉　ほとけさまにお供えするのに、まちがいがあったままでいいと言うのか⁉」

「あのね、ほとけさまはわれわれ衆生がまちがいばかりをする弱い人間だということをよく知っておられる。だから、まちがったものをお供えしても、ほとけさまはにこにことして受け取ってくれるよ」

わたしは老人にそんな啖呵《たんか》を切りました。そして、なおもぶつぶつ言う老人を追っ払ってしまったのです。

そのあと、わたしは祖父に「おじいちゃん、ごめんね。おじいちゃんの親友と喧嘩をして」と謝りました。すると祖父は、「いいよ、いいよ。おまえの言うほうがもっともだよ」と、わたしを許してくれた。そこで目が醒めました。

ちょっと格好いい夢の中のわたしです。

しかし、わたしは、人間はまちがいばかりする存在で、仏はその人間のまちがいをにこにこ笑いながら赦《ゆる》してくださる存在だと信じています。

その信念が夢の中の物語をつくったのだと思います。

38

「仏教者であれ！」

『マハーパリニッバーナ・スッタンタ』によりますと、釈迦世尊は入滅される直前、侍者の阿難《あなん》（アーナンダ）に、

「わたしが入滅したあとは、仏教教団は細々《こまごま》とした戒律をすべて廃止しなさい」

と遺言されています。なぜそのように指示されたのでしょうか？

現在の学校の校則がそうですが、あまりに細かな校則を定めていると、生徒たちはその規則の裏をかこうと必死になります。そして、教官の目をうまくごまかしたことで快感を味わい、更により一層のごまかしの技術を磨くようになります。その結果、何のための校則か分からなくなってしまいます。

その点では、明治九（一八七六）年に札幌農学校の教頭として来日したアメリカの教育者のクラーク博士が、すべての校則を廃止して、ただ、

「紳士であれ！（Be Gentleman!）」

だけを校則としたのは、炯眼《けいがん》と言うべきでしょう。

仏教の戒についても同じことが言えます。

もともと仏教の戒は、それを守ろうとする自発的な意志が大事です。だから、在家信者の場合は、たとえその戒を破ったからといって罰則があるわけではありません。だが、集団生活をする僧侶の場合は、戒を破ることによって他人の修行を妨げる虞《おそれ》がありますから、罰則が設けられているのです。その罰則を想定したものが律です。

これでお分かりのように、戒と律はまったく違ったものです。戒はあくまでも自発的な精神です。それに対して律は、他律的です。

そして釈迦は、在家信者に対しては戒だけを定められ、出家修行者の教団に対しては律を制定されたのです。ところが、あまりにも細かな律があると、出家修行者がその律の条項にとらわれて、本当の戒の精神が忘れられてしまう危険があります。それで釈迦世尊は、ご自身が入滅されたあとの教団は律を廃止して、本来の戒の精神に立脚するようにと遺誡されたのです。

ところが、あろうことかあるまいことか、釈迦入滅後の仏教教団は、釈迦の遺誡を無視して、細々とした律を全部残してしまいました。その結果、二百五十戒という、まことに瑣末《さまつ》的な律が残され、仏教教団がそれに縛られて本当の釈迦の精神を忘れるようになってしまった。それが小乗仏教の教団です。

そのような小乗仏教の弊害に気づいたのが、じつは伝教大師最澄（七六七―八二二）です。彼は、われわれ仏教者を自発的に戒を守ろうとする心が大事なのだと考えました。クラーク博士流に言うなら、ただ、

「仏教者であれ！」

というだけでよいのです。いくら失敗をしても、また過ちを犯しても、また仏教者として生きようとする心が大切なのです。わたしは伝教大師最澄の心をそのように理解しています。

39

励ましの言葉は危険

大学受験に失敗して、浪人をしている息子がいます。ある朝、父親が息子に、

「おい、がんばれよ」

と声をかけて会社に行きました。その日の午後、父親は息子の自殺の報《しら》せを聞かされるはめになったのです。


息子の遺書には、こんな言葉が書かれていました。

「僕は一生懸命に努力している。それなのに父は、僕のがんばりが足りないと言う。僕はどこまでがんばればいいのか⁉」


父親は呆然とします。

「俺は、そんな意味で〝がんばれ〟と言ったのではないのに……」


父親はそう言いたいでしょう。父親にすれば、息子を励ますつもりで、「がんばれよ」と言ったのです。だが、励ましというものが、本質的には他人を批判し、ときに

は非難になっていることを、彼は気づいていなかったのです。

いいや、この父親だけではありません。昨今の日本人は、すぐに〝がんばれ、がんばれ〟といった言葉を口にします。その結果、たいていの人が〝がんばれ〟に不感症になっています。そうして、場合によってはその言葉に傷つく人もいることを忘れてしまっているのです。

病人のお見舞いに行けば、ほとんどの人が病人に向かって、「がんばってください」と言います。

「がんばれないからこそ、入院しているのに……」

と、ある病人が述懐していましたが、どうも日本人は〝がんばれ〟が好きなんですね。

けれども、心の病気の人に「がんばれ」と言えば、自殺の危険があります。浪人の息子も、本人も気がつかないうちに、軽い心の病気になっていたのでしょう。

落ち込んでいる人や大きな災難に遭った人に、「がんばれよ」といった励ましの言葉は、受け取り方によっては非難・攻撃になることがあります。

つまり、あなたのがんばりは少ない、もっとがんばらねばならないのだ、といった趣意の発言と受け取られる可能性があります。

意気銷沈《しょうちん》している人、泣いている人にとって、本当に必要なのはそんな励ましの言葉ではありません。泣いている人、悲しんでいる人にわたしたちがしてあげられることと、してあげねばならないことは、その人と一緒に悲しみ、泣いてあげることだと思います。

もしもあの父親が息子に、

「おまえもつらいだろうな……。でも、ゆったり、のんびりとやれよ」

と声をかけてあげていれば、息子も自殺しないですんだかもしれません。〝がんばれ〟ではなしに、

――ゆったり、のんびり――

が仏教者の言うべき言葉だと思います。東日本大震災に際して、そんなことを考えています。

40

不放逸とは何か?

《愚かな凡夫は放逸にふける。だが、思慮ある人は不放逸を守る》

これは『ダンマパダ』(二六)に出てくる言葉です。〝放逸〟というのはパーリ語で〝パマーダ〟といい、怠慢を意味します。その反対が〝不放逸〟で〝アッパマーダ〟。努力することです。あるいは精進することです。

けれども、注意してほしいのは、努力・精進といっても、その方向性が問題です。仏教の教えの基本は、

――少欲知足(欲望を少なくし、足るを知ること)――

ですから、欲望を叶えるために一生懸命に努力するのは不放逸ではありません。たとえば、サラリーマンが会社の仕事を一生懸命にやるのは不放逸ではないのです。また学者が一生懸命に学問に精進するのも不放逸ではありません。

おかしいではないか!? と、反論がありそうですが、仕事を一生懸命にするのは、

本質的に欲望を叶えるためですから、仏教はそんなことはすすめていません。

では、どうすればいいのか……と問われるならば、仏教は、仕事をするときは、「中道の精神」でもって、

——のんびり・ゆったり・楽しみながら——

しなさい、と教えます。現代の日本人の大半が、

——あくせく・いらいら・がつがつ——

と生きています。仏教はそのような生き方を叱ります。すなわち、がんばってはいけないと教えているのです。

では、不放逸とは何でしょうか……？　いったい、どのように努力・精進をすればいいのでしょうか？

それは、最初に書きましたように、「少欲知足」です。わたしたちは欲望を少なくするために努力せよ、と仏教は教えているのです。

人間の欲望というものは、放っておけばどんどん増大します。年収五百万円あるといいな……と思っていた人が、実際に五百万円が得られるようになると〈もっと欲し

い〉となります。

課長になると部長に、部長になれば局長になりたくなります。おいしいご馳走を食べると、もっとおいしいものが食べたくなる。それが人間の欲望の性質です。

その欲望に歯止めをかける努力をするのが不放逸です。

しかし、まちがってもらっては困るのですが、欲望をゼロにせよ、と言っているのではありません。いや、欲望をゼロにすることなんかできません。そうではなくて、欲望は自然に膨らむものですから、常に精進して欲望を減少させるのです。それが不放逸です。

しかし、多くの人は、不放逸をまちがって、欲望を充足させる方向で努力しています。『ダンマパダ』は、そういう人は愚かな人だと叱っているのです。

41

「ありがとう」の意味

〝ありがとう〟が英語では、〝サンキュー〟になることぐらいは誰だって知っています。けれども、英語で〝サンキュー〟と言われて、すぐに〝ユー・アー・ウェルカム〟（どういたしまして）と返す言葉が出てきません。これは、わたしのようなノーブルな高齢者（〝ノーブル〟は〝高貴〟の意味ですが、ここでは〝後期〟の意味を含ませています）だけにみられる弊害でしょうか。他人までも巻き添えにするようですが、どうも日本人は、

「サンキュー」「ユー・アー・ウェルカム」

とスムーズにいかないようです。

なぜでしょうか？　たぶんそれは、本来の日本語に、英語の〝サンキュー〟にあたる言葉がなかったからだと思います。

現在、わたしたち日本人は、日本語の〝ありがとう〟を英語の〝サンキュー〟の意

味に使っていますが、この〝ありがとう〟は本来は、

――ありがたし（有難し）――

であったのです。『岩波古語辞典』を見ますと、この〝ありがたし（有難し）〟は、《有ることを欲しても、なかなか困難で実際には少ない、無いの意。稀なことを喜び尊ぶ気持から、今日の「ありがたい」という感謝の意に移る》

と解説されています。つまり、この語は「ありそうもない」「めったにない」といった意味だったのです。

そして昔の日本人は、他人の好意・親切を身にうけたとき、それを、仏がわたしにしてくださったものだと受け取りました。このように説明すると、現代人は、それじゃあ親切にした人の善意を無視したかのように思いますが、それは違うのです。相手の人は仏に代わってわたしに親切にしてくださったのです。仏の代理人です。ですから、相手を仏として拝んでいることになります。

それで昔の人は、たとえば来客がお土産を持参しても、それを受け取るとき、

「これはこれは、ご丁寧なことで……」

と言うだけで、あまりお礼は言いません。そして子どもを呼んで、

「これを戴いたから、仏壇にお供えしてきなさい」

と命じます。そういう形で、すべてのものが仏からの有難い戴きものであることを自分でもしっかり認識し、また子どもたちに教えていたのです。

けれども、現代人は宗教離れをしました。だからあらゆるものが「仏からの有難い戴きもの」ではなくなり、人間対人間の遣《や》り取りになってしまったのです。

そうなると、相手の親切・好意に対して直接お礼を言わねばなりません。お礼を言うのはいいのですが、言われた場合、どう応答していいのか、わたしのような後期高齢者は戸惑ってしまいます。わたしは自分の英語の下手さを、そのように理屈づけています。

42

競争は醜いものだ

山道を歩いていて、二人の男が熊に襲われました。二人は一目散に逃げます。しかし、どう考えても熊のほうが速い。そこで、一人が言いました。

「もうだめだ。熊より早く走るなんて無理だ」

もう一人が言います。

「なあに、きみより速く走ることができればいいんだよ」

なるほど、その通りです。どちらか一人が熊の犠牲になります。そのあいだに逃げれば、もう一人が助かるわけです。これは小田亮著『利他学』（新潮選書）に出てきた小噺《こばなし》です。

わたしたち現代日本人は、どうも競争というものを美化し、讃美する傾向がありま す。競争によってお互いが切磋《せっさ》琢磨《たくま》し努力する。そして、それによってともに進歩向上する。競争とはそのようなものだと思って、競争することはよいことだと考えるのです。

でも、競争とはそういうものではありません。熊から逃げる二人の男のようなものです。相手より速く走ることのできたほうが勝者になり、遅いほうが犠牲になります。競争する二人は、相手が熊に食われることを願っています。競争は醜いものです。

こんなふうに考えてください。たとえば、二人に一個しかパンがないとすれば、二人が半分こして食べます。そうするとおいしくいただけます。そこには競争原理はありません。二人は仲よく暮らせます。

では、二人に一人分しか仕事がないとします。その場合、二人が仲よく暮らしたいのであれば、一人分の仕事を二人で半分ずつに分け合えばよいわけです。もちろん、給料は半分になるでしょう。その代わり、労働時間も半分になります。これが、ヨーロッパなどで行われている、

――ワーク・シェアリング――

の考え方です。

ところが日本では、二人に一人分の仕事しかしなければ、経営者はすぐに一人を首切りにします。そうすると二人の労働者は競争せねばなりません。この場合の競争は、熊に追いかけられた二人の男と同じです。経営者が熊です。逃げる二人は、相手よりも自分の方が経営者に気に入られると勝ちになります。そして、負けた方が首を切られるのです。

競争というのは、こういうものです。醜いものだと思われませんか。

どうして、二人で仕事を分け合おうとしないのですか。熊に追いかけられたとき、どうして二人で一緒に死のうよ……と思わないのですか。他人が死んで、自分が助かれば万々歳。いつから日本人は、そんなさもしい人間になったのでしょうか。

わたしたち仏教者は、競争というものはそんな醜いものだと思うべきです。まかりまちがっても競争を讃美してはならないと思います。

43

病気があたりまえ

ひろ先生は何か健康法をやっておられますか？　ときどき、そう質問されます。親しい人の場合は、「はい、食べ物に気をつけています」と答え、そして「何を食べておられるのですか？」と問われると、にやりとしながら、

「人を食っています」

と答えることにしています。もっとも、これは吉田茂（一八七八―一九六七）が言ったジョークであって、わたしのオリジナリティー（独創性）はありませんが。

それはそうとして、わたしは健康法なんていっさいやっていません。いや、それよりも、そもそも健康法なるものを馬鹿にしています。人々は健康になるためにあれこれの方法を講じているようですが、それがいったいどれだけの効果があるのか、わたしは疑問に思っています。

ちょっと考えてみてください。いったい健康って何なんでしょうか？

たとえば、心臓に疾患のある人がいます。この人は病人です。けれども、日常生活にそれほどの支障なく、彼は会社勤務をしています。ときに風邪を引いたりして寝込むことはありますが、それは誰でも同じですね。そうすると、普段のこの人は病人でしょうか。それとも健康な人と呼ぶべきでしょうか。

同様に、がん患者であっても、健康な日常生活を送っている人もいます。そうかと思えば、がんの治療ばかりに専念し、まるでそのために生きているような人がいます。わたしは、そういう人は病気を病んでいる人だと思います。反対に、病気であっても健康に生きることはできると思います。この差は、どこからくるのでしょうか……？

わたしたちは、病気になることを不幸だと思っています。だが、そうではありません。病気にもかかわらず幸福に生きている人は大勢おられます。病気を苦にする人が不幸なんです。

お釈迦さまが出家される以前の話です。東の城門を出たとき、お釈迦さまは老人に出会い、ショックを受けました。しかし、彼は、老人こそが人間の真の姿で、若さが驕《おご》りにすぎないことを知ります。また、釈迦は南の城門を出て病人に出会いますが、この病人こそが人間の真の姿で、健康はむしろ一時的なものであることを知ります。次の西の門を出て死者に出会った釈迦は、むしろ死者こそ人間の真の姿だと知るのです。そういう話が語り伝えられています。

たしかにその通りです。若さも健康も人間の一時的な姿であって、老いと病は必ず人間にやってくるものです。わたしたちは病気を気にせず、人間が病気になるのはあたりまえのことなんだと思ったほうがよさそうです。現代日本人は一種の健康ノイローゼにかかっているのではありませんか。もっとのんびりしたほうがよさそうですよ。

44

信じるということ

「仏を信じる」ということは、どういうことなんでしょうか……？

わたしたちは、夫が妻を信じ、妻が夫を信じると言います。また、友人を信じ、部下を信じ、上司を信じ、師を信じると言います。そして、そのあげく、わたしたちは容易に、

——裏切られた——

という言葉を発します。「わたしはあの人をあれだけ信じていたのに、あの人はわたしを裏切った」といった言葉を、われわれはよく口にするのです。

では、「裏切る」ということはどういうことでしょうか？

それは、相手が自分の期待していた通りに動いてくれなかったことを意味します。わたしが上司を信じているということは、きっと上司はわたしに目をかけて、わたしが有利になるように世話してくれるだろうと期待していたのです。

ところが、あにはからんや上司は、わたしが不利になるような人事をした。そうすると、わたしは「あの人に裏切られた」となるのです。

要するに、信じるということは、利益を期待していることなんです。そのようなさもしい欲望にほかなりません。

では、仏を信じるということは、それと同じであってよいのでしょうか？

わたしは仏を信じている。だからきっと仏は、わたしが有利になるように配慮してくださるであろう……。そのような期待であってよいのでしょうか？

それはおかしいですね。たとえば、人事異動でわたしが有利になれば、誰かが不利になるのです。仏がわたしの利益を考慮されるならば、不利になった人からすれば、その仏は「悪魔」になってしまいます。

また、仏に利己的な利益を期待すると、必ず仏に裏切られたといった結果になることが生じます。そのようなことがあってはおかしいのです。

では、仏を信じるというのは、どういうことでしょうか？

仏教学においては、

――信じるということは、心が澄浄《ちょうじょう》になること――

とされています。わたしたちが逆境に立たされたとき、心は動顚《どうてん》し、ときに絶望に襲われます。

しかし、仏を信じている人は、すぐに立ち直り、自分が置かれた境遇を冷静に見ることができるようになるのです。それが心の澄浄です。

落第したり、左遷やリストラされたりすることは、たしかにわたしたちの心を動揺させます。

あるいは、愛する者との死別も、わたしたちを悲嘆の底に突き落とします。でも、それで絶望してはいけないのです。

わたしたちは苦しみと悲しみに耐えて、人生をしっかりと生きるべきです。わたしたちは仏を信じることによって、その勇気が得られるのです。

信じるということは、そういうことなのです。

45

ほんとうの安楽

災難に遭ったとき、苦境におちいったとき、わたしたちはもがき苦しみ、悩みに悩みます。なんとかしてその苦しみから脱却したいと願い、あれこれその苦しみから逃れる方法を模索します。だが、そのとき、気をつけなければならないことがあります。

何でしょうか？

江戸時代の黄檗宗《おうばくしゅう》の禅僧の鉄眼道光《てつげんどうこう》（一六三〇―一六八二）の言葉を聞いてください。

《まどえる人の楽とおもうは、苦をもって、楽とおもえるなり》（『鉄眼禅師仮名法語』）

（迷っている人が安楽だと思うものは、苦しみであるのに、まちがってそれを安楽と思っているのだ）

借金が返済できなくて苦しんでいる人がいます。いろんな事情があって借金するはめになったのです。一概にその人が悪いとは言えません。で、その苦境を脱するために、その人が、

〈金があるといいのに……〉

と考えたとしたら、その人はまちがっています。「金がある」ことは安楽ではありません。その人は迷っているから、安楽でないものを安楽と思い誤ったのです。

よく考えてみてください。その人はなまじ金があったから、借金するはめになったのです。少し金があったから、事業を拡張したいと思って、借金をしたのです。金持ちの家に生まれた者が道楽に走るのも、なまじ金があったからです。

それをまちがって、金があると幸せになれると思えば、泥棒をしてでも金を手に入れたくなります。あるいは、ますます大きな借金をして、そのあげくにっちもさっちもいかなくなります。

では、どうすればいいのでしょうか？

その人は、まちがった考えをしないことです。

その人が本当に安楽になれるのは、借金のあることに絶望せず、少しずつ借金を返済していくことです。そんな苦労はしたくないと思うでしょうが、その人にとって苦労をすることが安楽なのです。

あるいは、破産宣告をして、残りの人生を貧しく生きる道もあります。それを「茨《いばら》の道」と見る人もいるでしょうが、苦境におちいった人には「茨の道」こそ安楽です。そこをまちがってはいけません。

人間関係がこじれて悩んでいる人がいます。ともすれば、あんな人とは関係を持ちたくない。すっきりさせたいと思うかもしれませんが、そんな関係が清算された状態が安楽とはかぎりません。それはそれで、別の苦しみがあります。

それよりは、こじれてしまった人間関係を少しずつ修復していくことが、本当の意味での安楽です。案外、苦労を楽しむのもおもしろい生き方ですよ。

鉄眼はそれを教えてくれているのです。

46

コミュニケーション能力

〝コミュ力《りょく》〟といった言葉があるそうです。昨今は変に言葉を略しますが、これもその一つで、「コミュニケーション能力」のことだそうです。

で、ある新聞社が特集記事のために、

――コミュ力を高めるための方法――

を教えてほしいと電話してきました。わたしはいつもながらの逆説で、

「そもそも人間の言語というものは、情報伝達のためのものだとは言えない」

と答えました。電話をしてきた記者は、目を白黒させていました。あれっ、電話では顔の表情は分かりませんね。

動物の言語は、情報を伝達する役割をします。「敵が来たぞ」「あそこに餌があるぞ」と仲間に教える。そのための言語です。

だが、人間の言葉は、必ずしも情報伝達のためのものではありません。なぜなら、

人間には仲間と敵があるからです。仲間には正しい情報を伝えたいが、敵に対しては偽りの情報を伝えたい。それが人間の言葉と動物の言葉の大きな違いです。

とくに現代の日本の社会は、激烈なる競争原理が支配しています。競争原理というものは、要するに、

——自分は勝ち組になりたい。そのためには、あんたに負け組になってもらわねばならない——

というものです。そうすると、会社の同僚は仲間ではなしに敵になります。

そのような競争社会においては、コミュニケーション能力というものは、うまく相手を騙す技術でしかありません。あからさまに相手を敵扱いにして、相手を騙しにかかれば、相手の反感を買います。だから、仲間のように見せかけて、うまく相手を騙すのです。コミュニケーション能力とは、所詮は騙しのテクニックなんだから、そのような能力の高い人間を尊敬してはいけません。そのような能力の低い人は、むしろ自分のほうがまともな人間なんだと思えばよいでしょう。

と、そんなことを新聞記者に言ったのですが、わたしの言いたいことはうまく相手

に伝わらなかったようです。わたしのコミュ力は相当に低いようですね。

まあ、それはともかく、ここで釈迦の言葉を引用しておきます。

《自分を苦しめず、また他人を害しない言葉のみを語れ。それが善い言葉である。好ましい言葉のみを語れ。それは相手に喜んで受けいれられる言葉である。相手にいやがられる言葉は避け、相手に好ましい言葉を語るようにしたほうがよい》

(『スッタニパータ』四五一、四五二)

わたしたちは、他人を傷つける言葉を平気で語っていませんか。言う必要のない言葉を慎め、というのが釈迦の教えです。釈迦は、コミュニケーション能力を高めよ、とは言っていませんよ。

47

「西」はどちらか？

十五世紀のインドの宗教改革者にカビールがいます。

両親に捨てられた彼は、イスラム教徒に養育されます。彼自身はヒンドゥー教徒だったのですが、養父の感化によってイスラム教の影響を受け、ついには、

——アッラーとラーマの子——

と称するようになりました。イスラム教の神アッラーと、ヒンドゥー教の神ラーマの実子を表明したのです。

あるとき、カビールは横になったのですが、その足がメッカ（イスラム教の聖地）の方向を向いていました。それを見て先輩が、

「メッカに足を向けるとは怪《け》しからん」

と叱ります。するとカビールは、

「それじゃあ、神がおいでにならない方向に、わたしの体を向けてくれ」

と応じました。神は宇宙に遍在しておられます。それ故、神のいない方向などありません。カビールは見事に先輩をへこましたわけです。

＊

名前は忘れましたが、江戸時代の妙好人《みょうこうにん》（他力の信心を得たすぐれた念仏者）にも、似たような話があります。

夏の暑い日、彼は菩提寺の本堂でごろりと横になっていました。お寺の本堂はあんがい涼しいですね。しかし、彼の尻は阿弥陀仏に向けられていました。

そこに仲間がやって来て、男を叱ります。

「阿弥陀さんに尻を向けて寝るとは何事ぞ⁉　そんな行儀の悪いことをしてはいかん！」

すると、妙好人はこう言いました。

「阿弥陀さんは、わしら衆生の親なんだろう……。そうすると、お寺はわしらの親の家だ。遠慮する必要はない。行儀が悪いなんて心配しているおまえは、おおかた継子《ままこ》であろう」

阿弥陀仏は西方極楽世界においでになるとされています。けれども、地球は太陽を中心に公転し、また地球そのものが自転をしています。

そうすると、西という方角は時々刻々変わっているわけです。だから、阿弥陀仏の極楽世界の方向も、時々刻々変化しているのです。

いや、それよりも、阿弥陀仏は宇宙に遍在しておられます。わたしたちがどちらを向いても、そこに阿弥陀仏がおいでになります。西という方角は、いちおうの目安としてたてられたもので、あらゆる方角が「西」だと思ったほうがよいでしょう。

だから、方角なんかにこだわらないほうがよいと思います。北枕がよくないとか、仏壇は東向きに安置すべきだとか、そんな迷信にとらわれる必要はありません。東西南北、あらゆる方角が「西」だと思って、阿弥陀仏を拝めばいいのです。

わたしはそのように考えています。

＊

48

行動の工夫

雪国に育った人が言っていました。

「雪国では、灰色の雪が降るのです。都会の人は雪は白いと思っていますが、そうではありません。暗い空から灰色の雪が降ってきます。そして、雪が降れば屋根の上の雪をかき下ろす雪下ろしをせねばなりません。つくづく雪はいやだなあ……と思います。仏教的には、すべてのものをあるがままに受け容れるべきだと教わっています。こんなふうに〈雪はいやだ〉と思うのは、わたしの仏教の勉強が足りないからではないでしょうか？」

そう問われて、わたしは返答に迷いました。わたしの脳裡に、とっさに二つの詩が思い浮かんだからです。

一つは宮沢賢治（一八九六—一九三三）の詩です。

《雨ニモマケズ

風ニモマケズ
雪ニモ夏ノ暑サニモマケヌ
……》
もう一つは堀口大学（一八九二―一九八一）のものです。
《雨の日は雨を愛さう。
風の日は風を好まう。
晴れた日は散歩をしよう。
貧しくば心に富まう》
わたしは、宮沢賢治よりも堀口大学のほうが好きですが、それはともかくとして、二人ともが雪や雨をいやだと思う、そのような気持ちを不可としているようです。つまり、雪を好きになったほうがいいのです。で、わたしはそのように答えようと思いました。
でも、雪国の人に雪を好きになれと言うことは、やはり酷な話だと思います。それは地震を好きになれ、津波を好きになれと言うのと同じではないでしょうか。都会の人間、とくに子どもたちが雪達磨を作って楽しむのと同じになるわけがありません。

そこでわたしは、このように答えました。

「〈雪はいやだ〉というのは、雪国の人にとっては自然な感情ですから、それはそれでいいのではありませんか。わたしたちは感情をコントロールしようとしても、そんなのコントロールできるわけがありません。

感情をコントロールすることはあきらめて、わたしたちは行動をコントロールすべきです。たとえば雨の日、〈いやだなあ……〉と思うのは仕方がありません。しかし、素敵な雨傘とレインコート、雨靴を用意して、それで外出する。そうすると、あんがい雨も楽しくなりそうです。そういう行動の工夫をしてみるとよいと思います」

このような「行動の工夫」は、対人関係においても成り立つでしょう。相性の悪い人がいます。嫌いな人がいます。それは感情の問題だから、コントロールできません。嫌いな人を好きになれと言うのは、無理な要求です。だが、嫌いな人に対して、笑顔で応対することはできます。そして、そうすることによって、自分の気持ちが楽になります。わたしは、そういう「行動の工夫」をおすすめします。

49 原因と結果

夫妻が互いに愛し合っていれば、幸せな家庭ができる。わたしたちは普通、そう考えています。でも、これ、ひょっとして反対ではないでしょうか。幸せな家庭であるからこそ、夫婦は互いに愛し合うことができるのです。そう思いませんか？　つまり、努力すれば幸福になれるのではなく、幸福だから努力できるのです。原因と結果をあべこべにしてはいけません。

わたしがなぜこんなことを言うかといえば、浄土宗の開祖の法然上人（一一三三―一二一二）の『逆修説法』を読んでいたら、こんな言葉にぶつかったからです。

《しかれば臨終正念《りんじゆうしようねん》なるが故に、〔阿弥陀仏が〕来迎《らいごう》したもうにはあらず。来迎したもう故に臨終正念なりという義《ぎ》明らかなり》（原漢文）

（臨終のときに、わたしたちが正しい思いに住していると、阿弥陀仏が迎えに来てくださるのではなく、阿弥陀仏が迎えに来てくださるからこそ、わたしたちは臨終のと

きに正しい思いに住していられるのです。このことは明らかなことです）

来迎というのは、浄土に往住したいと願う人の臨終に、仏《ぶつ》・菩薩《ぼさつ》が迎えに来てくださるということです。

普通は、わたしたちは、臨終のとき、心を錯乱させることなく、しっかりと保っていれば、必ず阿弥陀仏が迎えに来てくださると思っています。だが、法然は、そうではないと言います。阿弥陀仏が来迎してくださるからこそ、わたしたちは臨終において心を錯乱させることなく、しっかりと落ち着いていられるというのです。

わたしはこれを読んで、目から鱗が落ちた思いがしました。

まじめに努力する人には、必ず神仏の加護がある。そのように言う人がいます。また、「お母さんは、あなたがいい子でいれば、あなたを好きになってあげる」と、母が子に言います。でも、それはおかしいのです。反対です。わたしたちは神仏の加護をいただいて、だからまじめに努力できるのです。お母さんの愛情があるから、子どもはいい子でいられるのです。

もしも神仏の加護がないなら、神仏に見放されたら、絶望のあまり、人はとんでもない行動をします。現在の日本に凶悪な事件が多いのは、日本人が神仏に見放されたことを意味しませんか。

親の愛情に見放された子は、淋しさのあまり、悪友に誘われて非行に走ります。「おまえが良い子であれば、愛してやったのに……」と言う親の言葉は、子どもにとって残酷そのものなのです。

原因と結果をとり違えてはいけません。わたしたちは神仏に見守られて幸福であったとき、この人生をまじめに、そしてゆったりと生きることができるのです。わたしは法然の言葉から、そのようなことを学びました。

50

精進と努力

仏教講演会に招かれたとき、わたしはしばしば、

——がんばるな！——

といった趣旨を話します。あるとき、講演終了後、主催者代表が謝辞を述べられ、その中で、「わたしたちはひろ先生が言われたように、これからはがんばらないようにがんばります」と言われました。会場は大爆笑でしたが、ご本人は聴衆がなぜ笑ったのか、さっぱり分かっておられない様子。それほどに、日本人は〝がんばる〟という言葉が大好きなんですね。

そして、これもしばしばですが、仏教では精進《しょうじん》を教えている、精進とは努力である、それなのになぜ努力してはいけないと言うのか？

そういう質問を受けます。がんばるというのは努力することであり、そしてそれは精進することだと、人々は思っているのです。

だが、それは違うのです。じつは、

――精進と努力――

はまったく違っています。どう違うかといえば、われわれが努力するとき、その背後に努力の成果を査定する、

――物差し――

があります。それは百点満点であったり、金メダル・銀メダル・銅メダルであったり、パーセントであったりしますが、その物差しにもとづいて努力するわけです。高校野球で甲子園出場を目指して努力する。そのためには「がんばらねばならない」となります。

しかしながら、精進にはそのような物差しがありません。物差しがないのだから、達成度は問題でなくなります。どこまで到達しないといけないといったノルマがありません。そうすると、人々はゆったりと楽しく、目標に向かって歩いて行くことができます。

じつは、仏教でいう「精進」は、仏に向かって歩むことです。わたしたち凡夫が、

仏を目指してゆったりと楽しく歩む、その歩みが精進です。

だが、ご存じのように、われわれは仏に到達できません。われわれが仏になれるのは、いくら早くても五十六億七千万年後です。だから、凡夫は仏になれませんが、仏に向かって歩むことはできます。

一歩でも二歩でも、仏に近づくことができれば、それが精進の成果です。だから、われわれがどれだけ仏に近づいたか、その到達度は問題にしなくていいのです。

無限大の距離のもとでは、一歩や二歩、百歩、万歩の差は問題になりません。そんな物差しは捨ててしまって、ただ一歩でも近づくことだけを楽しめばいいのです。それが精進というものです。

ですから、精進と努力は違っています。わたしは、努力はジョギングのようなもので、精進は散歩だと思っています。

さあ、ゆっくり散歩を楽しみましょうよ。

51

不機嫌になる縁

フランスの哲学者アラン（一八六八―一九五一）は、幼い子どもが泣きわめき、いくらなだめてもいっこうに泣きやまないようなとき、

《ピンをさがすがいい》

と、その著『幸福論』の中で言っています。いったい「ピン」とは何でしょうか？子どもが泣いている。不機嫌なのだ。そういうとき、わたしたちは、それはその子の性格が原因だ、といったふうに考えてしまいます。でも、そう考えるのはまちがいです。たいていの場合、幼児が泣いている原因は、産衣《うぶぎ》にピンがついていて、それが肌に当たって痛いのです。だから、ピンを取ってやれば、すぐに子どもは泣きやみます。アランは、それで「ピンをさがして取ってやればよい」と言うのです。

《人がいらだったり、不機嫌だったりするのは、あまり長いあいだ立ち通しでいたせいであることがよくある。そういうとき、その人の不機嫌に対して理屈《りくつ》をこねあげた

りしてはいけない。椅子《いす》を差し出してやるがいい》(白井健三郎訳)

つまり、この場合は、椅子がないことがピンなのです。椅子に坐ると、不機嫌がなおります。

言われてみると、思い当る節があります。人間は、空腹が原因で不機嫌になることも多いのです。〈俺はなぜこんなに不機嫌になっているのだろう……?〉と、自分でも訝《いぶか》しく思うとき、〈そうだ、あいつが悪いんだ。あいつがあんなことを言ったから、俺が腹立たしくなったのだ〉と、誰かを悪者にすることが多い。いろいろと理屈を考えるのですが、なに、そのとき、わたしが空腹であっただけなんです。空腹でなければ、別段気にならないことを、空腹なために、やけに気になる。そういうことがよくあります。

たしかに、アランの言うように、ピンをさがしたほうがよさそうです。

ですが、アランには悪いのですが、われわれがピンをさがしても、ピンはそう簡単には見つかりません。ピンが見つからないとき、われわれはどうすればよいでしょうか?

アランの忠告に従って、無理にピンを見つけようとすれば、実際ではピンではないものを、まちがってピンに仕上げてしまうこともあります。何も関係のない人までも、

〈そうだ！　あいつが悪いんだ！〉

とピンにしてしまう危険が大きい。だとすると、われわれはピンをさがさないほうがよさそうです。

仏教的には、ここでは「縁」の考え方が必要です。

われわれのこの世界は、いろんな縁でもって構成されています。ほんのちょっとした偶然が世界を大きく変えるのです。ですから、われわれが不機嫌になったとき、これにはいろんな縁があるのだなあ……と考えて、あまりピンの追究はせず、自然に不機嫌がなおるようにしたほうがよいと思います。

52

プラス思考よりも……

遊んでいるときは狭いと思った運動場ですが、小学生がそれを掃除させられるとなると、〈広い運動場だなあ……〉とうんざりします。財布の中のお金が半分になれば、〈もう半分になっちゃった〉と悲観する人もいれば、〈まだ半分残っている〉と喜ぶ人もいます。それが仕事量となれば反対で、〈もう仕事の半分もやった〉とにんまりする人もいれば、〈まだ半分も残っている〉とうんざり顔の人もいます。

これは、基本的には性格の差なんですよね。だから、おいそれとは変えられないと思います。

ところが仏教学者のうちには、〈もうお金が半分になった〉〈まだ仕事が半分も残っている〉と悲観せず、〈お金がまだ半分も残っている〉〈もう仕事を半分もやった〉と喜び、感謝の心を持ちなさい、と教える人がおいでになります。俗に、それを、

——プラス思考——

と言うのですよね。なるほど、マイナス思考よりもプラス思考のほうがよい。それは否定しません。

だが問題は、それは性格の差であって、そう簡単にマイナス思考をプラス思考に変えられないことです。

それからもう一つ、仏教の教えは、

――如実知見《にょじつちけん》――

だということです。〝如実〟は「実のごとく」であって、「あるがまま」です。物事をあるがままに見るということは、色付けをしないことです。わたしたちは常に色付けをしてものを見ています。いいひと／悪いひと、ありがたいこと／いやなこと、といったふうに事物を自分で持っている物差しで測って受け取っています。その自分の物差しは、つまるところ世間の物差しです。そういう世間の物差しで価値判断をし、病気になれば〈いやだなあ……〉と思うのです。そんな価値判断をせず、あるがままに物事を見なさいというのが「如実知見」です。

あるがままに見るということは、色付けをしないことです。

したがって、五千円は一万円の半分でもないし、千円の五倍でもありません。一万円の半分と見て〈少ない〉と悲観するマイナス思考も、千円の五倍と感謝するプラス思考も、ともに、「如実知見」ではありません。五千円は五千円、ただそれだけです。

わたしは、あらゆる事柄を感謝の心でもって受け止める人間になりなさいと教える仏教学者にあまり賛成できません。それだと、小さな怪我だと大怪我でなかっただけましし、大怪我で死ぬよりはまし、といった考え方にしかなりません。そして、〈ああすれば怪我もしないですんだのに……〉といった悔いが残ります。

病気になればただ病気になっただけ——と受け止めるのが、仏教者らしい考え方だと思います。

53 この世における役割分担

キリスト教の『新約聖書』に、

《貧しい人々は、幸いである、

神の国はあなたがたのものである》（『ルカによる福音書』六）

といったイエスの言葉があります。〝神の国〟というのは、神の支配の意味です。いま、この世は、人間が支配しています。人間が支配すると、どうしても金持ちが得をし、貧乏人は不幸になります。しかし、イエスは、もうすぐこの世は神が直接支配されるようになる。そして、神が支配するようになれば、貧しい人が泣かずにすむ。貧しい人が幸福になる。そう考えました。それがイエスの言葉なんです。

では、仏教はどう考えるのでしょうか？

仏教は、この世を「ご縁の世界」と考えます。「ご縁」というのは、みんながつながっているということです。金持ちがいるから貧乏人がいるのであり、貧乏人のおかげで金持ちがいるのです。優等生がいるから劣等生がおり、消費者がいるから生産者がいます。世の中の人の全員が優等生になれません。全員が金持ちになれません。劣等生がおり、貧乏人がいてくれないと困るのです。それが「ご縁の世界」です。

そうすると、金持ち／貧乏人、優等生／劣等生といった存在は、この世における、

――役割分担――

になります。誰かが金持ちの役割を務めるのであれば、必ず別の人が貧乏人の役割を務めねばなりません。勝ち組の役割を務める人ばかりでは世の中は成り立ちません。負け組の役割を務める人がいなければならないのです。

でも、誰も、貧乏人や負け組の役割を務めたくありません。

そこで、わたしはこう考えます。阿弥陀仏が、「きみね、貧乏人・劣等生・負け組の役割をやってよね」と頼まれたのだ、と。別段、阿弥陀仏でなくてもいいのです。釈迦仏にしてもいいし、大日如来にしてもいい。ともかく仏が、人々にお願いされたのです。いやな役割、損な役割を務めてくれるように、と。

だから、仏から貧乏人、負け組の役目を頼まれた人は、一生懸命その役目をやって

ください。卑下する必要はありません。これが仏から頼まれたことだと、堂々と胸を張って生きてください。

そして、わたしたちはこの世の生を終えて、やがてお浄土に往きます。そうすると、きっと仏が、あなたをねぎらってくださいます。

「ごめんね、きみに損な役割を与えてしまった。でもね、誰かが損な役割をしなければならないのだよ。それを、きみが立派に果たしてくれた。ご苦労だったね。ありがとう」。

わたしはこのように考えますが、こう考えると、仏教においても、「お浄土は貧しい人のものだ」ということになると思います。

54

反省するな！

わたしは、ときに逆説的な表現をするもので、しばしば誤解され、非難されます。

先日も、講演終了後の質疑応答の時間に、

「先生は、どこかの講演で、〝反省するな！〟と言われていたそうですが、なぜ反省してはいけないのですか？」

と質問を受けました。あれは質問というより詰問、非難に近いものでした。

そのときは、あまり時間もないし、質問者の態度が傲慢だったもので、わたしは、「釈迦世尊は、〝過去を追うな。未来を願うな〟と言っておられます。その〝過去を追うな〟という言葉を、わたしは〝反省するな！〟と翻訳したのです。〝反省するな！〟がよくないと思われるのであれば、釈迦世尊の言葉のまま、〝過去を追うな〟と覚えておいてください」

と答えました。ちょっと肩透《かたす》かしの返答で、質問者は不満顔でした。

＊

なぜ、反省するのがよくないか、改めて考えてみましょう。

みなさんは夫婦喧嘩をされるでしょう。わたしもよくやります。夫婦喧嘩のあと、たいていわたしは、

〈しまった！〉

と思います。そう思うのはいいのです。そして、そう思ったままにしておけばよい。

ところが、そこでわたしが反省を始めます。喧嘩をすべきでなかった。なのに喧嘩をしてしまった。いったいなぜわたしは喧嘩をしたのだろうか？　喧嘩の原因は何なのか……？　それが反省です。反省すると、何が原因で喧嘩になったかを考えるのです。

そうすると、どうなりますか？　たいていの場合、

〈そりゃあ、俺も悪かった。だが、俺も悪いが、妻のほうにだって責任がある。そもそも妻が、あのとき、あんなことを言わなかったら、俺も腹を立てることがなかった

のだ！　だから、妻が悪い。喧嘩の原因は妻にある〉

となってしまうのです。ね、そうなりますよね。

つまり、反省すると、すべて悪いことの原因を相手のせいにしてしまうのです。反省とは、相手を悪者にする営みにほかなりません。だから、反省するな！　です。釈迦世尊が「過去を追うな」と言われたのも、過ぎ去ったことをあれこれ詮議《せんぎ》するな、といった意味です。

では、われわれは反省をしないで、どうすればいいでしょうか？　それは懺悔《さんげ》するのです。

しかし、懺悔というのも、過ぎ去ったことをお詫びすることではありません。そうではなくて、方向転換をすることです。夫婦喧嘩をしたことを妻にお詫びするのではなく、新しく妻と仲良く暮らす努力を始めるのです。

でも、まあ、これはむずかしいですね。いっぺんにできませんから、ぼつぼつやるようにしましょう。

55

プロクルステスの寝台

プロクルステスはギリシア神話に登場する強盗です。ちょっと変わった強盗です。

〝プロクルステス〟は「引き伸ばす者」の意で、これは本名ではなく綽名《あだな》です。

街道に住んでいたこの強盗は、旅人を自分の家に泊めてやります。それはいいのですが、彼の家には大小二つのベッドがあり、背の高い旅人は小さな寝台に、背の低い旅人は大きなベッドに寝かせます。

大きなベッドに寝かされた者は、当然、背が足りません。するとプロクルステスは、この旅人を槌《つち》で叩き伸ばし、重しでもって寝台の長さに引き伸ばすのです。逆に、小さなベッドに寝かされた大きな男は、長すぎてはみ出た頭を鋸《のこぎり》でもって挽《ひ》き切られてしまうのです。

しかし、このプロクルステスは、のちにテーセウスという英雄に殺されます。テーセウスはこの強盗を小さなベッドに寝かせ、はみ出た頭をちょん切りました。プロクルステスはまさしく「自縄自縛《じじょうじばく》」であり、「自業自得」ですよね。

だが、われわれ現代日本人は、このプロクルステスを笑うことはできません。なぜなら、これと同じことをわれわれがしているからです。

どの子もどの子もすばらしい個性をもった子どもです。それなのに、わたしたちは子どもを鋳型《いがた》にはめて個性を殺してしまう。元気のいい、明るく活発な子を、「乱暴」というベッドに寝かせて、はみ出た元気をちょん切ろうとするのです。ほんのちょっと知識の習得の遅れている子を、「知能」といった寝台に横たえ、引き伸ばそうとしています。子どもたちは悲鳴をあげているのに、おとなたちの耳にはその声が聞こえないのです。

そんなことをしているものだから、そのおとなたちが自業自得で、自分のつくった寝台に寝かされます。そして、ある者は「怠け者」の烙印を押されて、「もっとがんばれ！」と発破を掛けられる。また、ある者は「遣《や》り過ぎ」の刻印を押され、世間から手酷《てひど》いバッシングにあいます。家庭内にあっても、妻は夫を、夫は妻をベッドに寝かせて、引き伸ばしたり、ちょん切ったりしています。

現代日本人は、プロクルステスになってしまったのです。

では、どうすればよいでしょうか？

わたしたちは、「プロクルステスの寝台」ではなく、「仏陀のベッド」を持つべきです。

「仏陀のベッド」は、すべての人がゆったり、のんびりと寝られる寝台です。背の低い人には小さな寝台を、体重の重い人には大きなベッドを用意してあげる。怠け者も勤勉家も、みんなが安心して生きていくことのできるベッド。そういうベッドをわたしたちは心の中に用意したいですね。そして、それが仏教者の務めだと思います。

56

仏教者の「終活」

他力の信仰に徹した、すぐれた念仏者を妙好人《みょうこうにん》といいますが、その一人に「因幡《いなば》の源佐《げんざ》」と呼ばれる人がいます。彼は天保十三年（一八四二）に生まれて、昭和五年（一九三〇）まで生きていました。柳宗悦《やなぎむねよし》著の『因幡の源佐』に、彼に関するエピソードが三百近く集められています。

その一つに、こんな話があります。

ある男が源佐に、

「あんたは極楽に行けるだろうが、わしは地獄行きだ」

と言いました。すると源佐は、

「地獄行きなら、それでええだ。あんたが極楽行きなら、阿弥陀さんはすることがないけのう」

と応じた。地獄に堕《お》ちる人間を助けるのが阿弥陀仏の仕事であるから、地獄行きの人間こそ阿弥陀仏によって救われるのだ。源佐はそう考えているのです。

だから、源佐の親友が臨終になって、源佐に何か慰めの言葉がほしいと使いの者を寄こしたとき、源佐自身も死の床にいたのですが、

「今さら、詳しいことは知らんでええ」

と答えています。それはなぜかといえば、

「親さんはお前を助けにかかっておられるだけ。断りがたたんことにしてもらっておるだけだいのう。こっちは、持ち前のとおり死んでゆきさえすりゃあ、いいだいのう」

というのです。〝親さん〟というのは阿弥陀仏です。阿弥陀仏はおまえさんを助けたくてしょうがないのだから、こちらはそれを断れないと思えばよい。〝持ち前のとおり〟というのは、あるがまま、そのままで死んでゆきさえすれば、あとは阿弥陀仏がしてくださる。われわれはすべてを阿弥陀仏にまかせておけばよい。源佐はそう言っているのです。

これこそが他力の信仰だと、わたしは思います。

近年は〝終活〟という言葉があるそうです。自分の最期を考え、遺言書をつくるとか、あれこれの準備をしておけというのですね。それに関連したセミナーが開かれ、大勢の老人たちが聴講していると聞きました。

でも、わたしは、そんなことはしたくありません。

なぜかといえば、わたしが死ねば、わたしの面倒はすべて阿弥陀仏が見てくださると信じているからです。わたしは死んだ瞬間、阿弥陀仏のお力によって極楽浄土に迎えていただき、そこで阿弥陀仏の説法を聴聞する。そう信じていますから、わたし自身の死後のことは何も考える必要はないと思っています。

そりゃあ、わたしの死体の処理は誰かにしてもらわねばなりません。それは遺族の仕事ですから、遺族がしたいようにしてくれればよいのです。しかし、わたし自身についてては、遺族は心配する必要はありません。わたしは、それが仏教者の「終活」の考え方だと思っています。

57

危機を救う仏教の思想

孔子の弟子の子貢《しこう》が、地方を旅行していました。すると、一人の老人がかめに水を汲んで、えっちらおっちらと畑に運び、作物に水をやっています。見ておれない……ということで、子貢が老人に言いました。

「ご老人よ、最近はもっといい道具がありますよ。それを使えば、仕事がはかどり、ご老人も楽ができますよ」

「ほう、どんな道具かね？」

「はねつるべと呼ばれるものです。便利なものですよ」

「いやいや、はねつるべであれば、わしだってよく知っているよ」

老人は、便利な道具を知っていながら、あえて使わないのです。「なぜか？」と尋ねる子貢に、老人は次のように答えました。

「機械《きかい》あれば、必ず機事《きじ》あり。機事あれば、必ず機心《きしん》あり」

機械（つまり道具のことです）ができると、便利なもので必ず仕事はそれを使ってするようになる。そうすると、人間の心は、どうしても機械の心になってしまう。そのような意味です。

これは中国古典の『荘子』（外篇）に出てくる話です。

わたしは、現代の世相を考えるとき、いつもこの話を思い浮かべます。

現代社会はたしかに便利な社会になりました。昔であれば、てくてく歩いて行かねばならない距離を、いまはあっというまに自動車で行くことができます。そうなると、便利なものだから、ついつい自動車を使うようになります。わたし自身はマイカーを持っていませんが、地方に講演に行ったとき、ホテルから会場まで、歩いて十分もかからない距離を移動するため、わざわざタクシーを用意してくださるのです。都会人のわたしは、〈歩けばいいのに……〉と思いますが、自動車を使う生活に慣れた地方の人は――いや自動車がなければ、地方では生活できなくなったのですが――、ほんの少しの距離でも自動車を使うようになるのですね。それが機械あれば機事ありです。そして、機事あれば、機心ありです。

その結果、わたしたちは機心になりました。

たとえば、原子力発電だって、わたしたちは大量の電気を使用することを前提に、物事を考えます。その大量の電気を確保するためには、危険があっても原子力発電に頼らざるを得ない、と考えてしまうのです。その考え方が機心です。

わたしたち仏教者は、そういう機心を捨てて、やはり仏教の教えである、

――少欲知足――

に立ち戻るべきです。欲を少なくし、もうこれで十分ですと思う。そういう人間らしい心が、現代社会の危機を救ってくれる。わたしはそう考えています。

58

人間の商品価値

昔、大阪の商人は、傲慢な人、威張りくさっている人に対して、

「おまえ、なんぼのものやねん?!」

と、挑発的に言いました。

〝なんぼ〟というのは「どれほど」「いくら」といった意味で、「おまえの値段はいくらか?」と問い尋ねているのです。つまり、これは、人間を商品扱いにした言葉です。

だから大阪人はいやらしい、と、そう言わないでください。じつはこれ、反語的疑問文です。

いやらしいといえば、現代日本人はみんないやらしい人間になっています。だってわれわれ現代人は、その人の年収の多少によって偉さを査定していますよね。あの人の年収は一億円を超えている。だから偉い人だ。そう思っています。人間を測る物差

しが金銭になっているのです。いやらしいったら、ありゃしない。

ところが、昔の大阪人は違いました。

「おまえ、なんぼのものやねん?!」というのは、表面的には年収の大きさを尋ねた言葉です。ですが、これは金持ちを相手に言う反語です。

「なるほど、おまえさんは年収が高そうだ。そやけど、人間の本当の値打ちは、その人が金を持っているかどうか、そんなもんでは決まれへんで。金は持っていないが、立派な人は大勢いる。おまえは金を持っていても、本当に立派な人と言えるかどうか……。おまえの本当の値打ちは、いったいいくらか？ ひょっとしたらゼロではないか。そんな人間が金持ちだからといって威張るな！」

そういった意味が、「おまえ、なんぼのものやねん?!」です。ですから、これは、金持ちや権力者に向かって言う言葉です。昔の大阪人は、そういう意味で反骨精神の持ち主でした。

現在の大阪人はどうか？ どうやら大半の大阪人が反骨精神を失っているようです。

＊

この大阪人の「おまえ、なんぼのものやねん?!」を、中国唐時代の禅僧の臨済義玄《りんざいぎげん》（?―八七六）が次のように言っています。

《赤肉団上《しゃくにくだんじょう》に一無位の真人《しんにん》あり、常に汝等諸人の面門《めんもん》より出入す。未だ証拠《しょうこ》せざらん者は看《み》よ看よ》

赤肉団とは、われわれこの肉体です。この肉体の上に、肉体を超越した「真人」、すなわち真の人間がいます。その真の人間はまったく無位です。社長だ、部長だ、首相だ、金持ちだ……と、そんな肩書きに分類されない、真の人間、丸裸の人間です。その真の人間が、われわれ目から、口から、耳から出入りしている。なのにおまえたちは、どうしてその真の人間を見ようとせず、肩書きばかり見ているのか?! 臨済はそうわれわれを叱っているのです。

だとすると、昔の大阪人は偉かったんですね。

59

インチキ宗教の拝金教

出版社の編集者と雑談していました。編集者がわたしに言いました。

「先生、日本人は、どうして宗教を持っていないのでしょうか？」

皮肉屋のわたしは、容易には相手に同調しません。相手を煙《けむ》に巻く答えをして楽しむくせがあります。

「きみね、日本人は無宗教じゃないよ。立派に宗教を持っているよ。それは拝金教という宗教だよ」

わたしのその言葉で、彼は納得してくれました。

現代の日本には、拝金教という宗教が蔓延しています。九十九パーセントの日本人が拝金教の熱狂的な信者なもので、仏教やキリスト教といった宗教が日本人のあいだに浸透できなくなっています。そのため、仏教やキリスト教が日本人に布教・伝道しようとして、拝金教に迎合した教義に書き換えをしているありさまです。たとえば、

「まじめに努力していると、必ず金持ちになれますよ」

といったふうなことを説くのです。明らかに拝金教徒向けの教義です。

おかしいですよね。わが国、曹洞宗の開祖の道元（一二〇〇―一二五三）は、

《学童の人は先《ま》須《すべから》く貧《ひん》なるべし》（『正法眼蔵随聞記《しょうぼうげんぞうずいもんき》』（流布本）三・一二）

と言っています。学童の人というのは、仏教の道を学ぶ人です。仏教者です。仏教者は貧しくなければならない、と言っているのです。まさに拝金教と正反対です。

また、キリスト教のイエスは、

《貧しい人々は、幸いである》（『ルカによる福音書』六）

と言いました。これも拝金教の教義に反します。このようなことを説くと、誰も仏教やキリスト教を好きになってくれない。だから仏教やキリスト教がみずからの教義を書き換えてしまった。そこで拝金教がますますのさばるようになったのです。それが日本の宗教界の現状だと思います。

ということは、現代の日本にはインチキな宗教（拝金教はインチキな宗教です）が蔓延していくわけです。

——悪貨は良貨を駆逐する——

といったグレシャムの法則がありますが、金の含有量の高い良貨と低い悪貨があった場合、その国では良貨が消え、悪貨だけが使われるようになるものです。ですから、インチキ宗教がはびこると、本物の宗教が消えてしまいます。いま日本に、仏教やキリスト教という本物の宗教がないのは、拝金教といったインチキ宗教が蔓延しているせいなんです。

いいですか、わたしたち仏教徒は、仏教の信者になったからといって金持ちになれるわけではないのですよ。貧乏であっても幸せに生きることができる。そう教えてくれているのが仏教です。そこのところをはっきりとさせねばなりません。どうか勘違いをなさらないでください。

60

仏の教えは動詞形

仏教の教えというものは、本来は動詞形で考えるべきものなんです。たとえば、

――少欲知足――

といった言葉があります。これは、「欲を少なくし、足《た》るを知る心を持ちなさい」という意味なんです。

だが、そのように教わると、わたしたちはすぐさま、「そんなこと、できっこない。人間に欲があるのはあたりまえなんだから、欲をなくせといった仏教の教えはおかしい」

と反論したくなります。これは、問題を、「静止した状態」で考えているからです。欲望を少なくして、できるだけ欲望のない状態に達することが望ましい。わたしたちはそのような状態に到達するよう努力せねばならない。そう考えるから、「それはむずかしい」となってしまうのです。

「少欲」というのは、欲望が少なくなった状態ではなしに、欲望を少なくするといった動詞形なのです。

たしかに、人間に欲望があるのはあたりまえです。もっとも、本当に欲深い人もいますが、あまり欲のない人もいます。それは性格です。で、仏教は、欲深い性格の人はだめで、あまり欲のない人のほうがいい人間だ、と言っているのではありません。性格というのは生まれつきなのですから、性格を問題にされたら困る人もいるわけです。

仏教が教えているのは、あなたがいま持っている欲望をちょっと少なくしてごらん。そして、足るを知る心を持つようにしてごらん。そうすると幸せになれるよ。そういうアドヴァイスなんです。

では、欲望を少なくするには、具体的にはどうすればよいのでしょうか？

それは、われわれが、

――損をする勇気――

を持つことです。なぜなら、わたしたちはみんな、「得をしたい」「損をするのはいやだ」と考えています。じつは、それが欲望なんですが、そんな欲望を燃やしていたのでは心の平安は得られません。そこでわれわれは、勇気を出してほんのちょっと損をするように行動します。もちろん、あなたにできる範囲での損ですよ。大損をして、あなたばかりかあなたの一家が生活に困るようではいけません。笑って損をできる、その程度の損をするのです。

たとえば、満員のエレベーターで、あなたに時間の余裕があれば、自分が下りて誰か他人を先にしてあげるのです。満員電車で座席に座らずに立っている。それも損です。もっとも、体力に余裕があればの話です。もちろん、金銭的な損をすることも大事です。ただし、自分のできる範囲内での損です。

ともかく仏教の教えは動詞形です。「少欲知足」は欲を少なくする、減らす、そのように行動することを教えているのです。まちがえないでください。

61

苦労人になるな！

〝苦労人〟という言葉があります。辞書によると、

《いろいろの苦労を経験し、世間の事情に通じた人》（『大辞林』）

といった意味です。いわゆる分別のある人ですね。

では、この苦労人が悩める人の相談に与《あずか》ることができるか、といえば、逆に苦労人は最悪の相談者であるようです。なぜでしょうか？　それは、彼は、自分はものすごい苦労をした。にもかかわらず自分はそれを克服した。だからあなたもじくじく悩まず、努力してみずからの苦労を克服せねばならぬ。そう考えて相手を叱り、すぐにお説教をしてしまうからです。

だから苦労人は、悩める人が相談をする相手としては、最も不適切な人ということになりそうです。

そもそも「苦労」というものは、どういうものでしょうか？　苦労人といいます

が、じつは苦労人と呼ばれる人だけが苦労をしたのではなく、誰だって苦労をしたのです。人間は、みんな苦労をして生きています。よちよち歩きの赤ん坊だって、よちよちと歩くために一生懸命になっています。でも赤ん坊は、その苦労をちっとも苦にしていません。むしろ楽しんでいます。そう思いませんか？

だとすると、苦労人は、苦労を苦にしていることになりそうです。楽しんで苦労をすればいいのに、逆に苦労を苦にしながら苦労している。そして、結果的にその苦しみを克服できた。だから自分は苦労したけれども成功した人間だ。自分で自分をそう思っている。それが苦労人と呼ばれる人のようです。

こういう例で考えるとよいでしょう。わたしたちは貧乏であれば苦労します。しかし、同じ苦労をするにも、若い愛し合った二人が貧乏にもめげず、むしろ貧乏を楽しみながら、幸せに生きているケースもあります。彼らは貧乏を克服しようなんて思っていないのです。

そうかと思えば、貧乏を苦にして、なんとか金持ちになろうと努力する人もいます。この金持ちになろうと努力をし、そしてそれに成功した人が苦労人と呼ばれる人ではないでしょうか。

だから苦労人は、貧乏を楽しみ、ゆったり、のんびりと人生を生きている人が歯痒《はがゆ》くってならないのです。「もっと努力せよ」と叱りたくなり、お説教をしたくなります。

でも、わたしの考えるところでは、仏教の教えは、どちらかといえば、

——苦労人になるな！——

だと思います。貧乏であれば、貧乏を楽しんで生きるとよい。貧乏なまま幸せに生きればよいのです。そりゃあ、貧乏人は苦労しますよ。でも、金持ちになれば苦労がなくなるわけではありません。誰だって、生きるためには苦労をするのです。苦労を克服するのではなく、楽しく苦労すればいい。わたしは、それが仏教の教えだと思います。

62

記憶の違い

中学や高校の同窓会で、旧友たちと昔の思い出を語り合います。八十二のわたしですから、半世紀以上も過去の話です。そのとき感じるのは、「記憶の個人性」というべきものです。みんなそれぞれに「自分の過去」を持っているのです。だから、みんなの記憶が一致しません。そういうことがよくあります。

イギリスの廷臣《ていしん》であったウォルター・ローリー（一五五二?―一六一八）は、反逆事件に連座して投獄され、獄中で『世界史』を執筆していました。ある日、牢獄の外でちょっとした事件があり、七、八人の囚人がその事件を眺めていた。その直後、囚人たちがいま見た出来事を語り合ったのですが、彼らが見た「事実」はてんでばらばらで、一致しません。それでローリーは、歴史事実の信憑性に疑問を抱いたと伝えられています。

ともかく、記憶というものはあやふやなものなんです。

にもかかわらずわれわれは、自分の記憶にまちがいはないと思っています。兄弟姉妹が集まって過去の思い出を語るとき、一方は過去に自分が施した恩恵だけを覚えており、他方は自分が受けた被害だけを記憶していることがあります。そういうことがあるというより、たいていの場合がそうなんです。自分にとって不利益な記憶は、すぐに忘れてしまう。それが人間の性《さが》でしょう。

だから、嫁と姑の記憶だって同じです。双方がともに自分にとって都合のよいように記憶を改変しています。その上で相手を非難するのだから、処置なしです。

では、どうすればいいのでしょうか？　裁判沙汰になるような場合は別にして、近親者や仲間のあいだで過去を話題にしたとき、そこで生じた記憶の違いは、むきになって争わないほうがよいと思います。この点はわたし自身がいつも失敗ばかりしているのですが、じつは「客観的事実」なんてないのです。お互いの記憶を修正すれば客観的事実に到達できると思っていたのはわたしの誤りで、記憶というものはそれぞれの主観ですから、どちらの記憶が正しいというものではありません。どちらも正しいのだし、同時にどちらもまちがっているのです。

その点では、わたしたちは釈迦の言葉に学ぶべきです。釈迦は、

——過去を追うな！　未来を求めるな！——

と言っています。そもそも〈俺の記憶のほうが正しい〉と思うことが、過去を追っているのです。

だから、過去に関して記憶の違いが生じたとき、〈どちらが正しいか〉といったふうに考えずに、それ以上、話を進めないほうがよさそうです。でも、これはいわゆる下種《げす》のあと知恵で、いつもいつもあとになってから思い浮かぶ知恵です。それは分かっていますが、はい、この次からはもっと早くに気付くようにしたいと思います……。

63

「苦」はなくならない

人生は苦である。すべては苦だ。一切皆苦。仏教はそう教えています。

昔、大学生のとき、授業でそう教わったとき、人生にはいろんな楽しみがあるのに、すべては苦だなんて、仏教はなんと厭世的な教えなんだろうと、いささか不満に思ったことがあります。でも、考えてみたら、わたしたちが楽しいと思うことも、それは長続きしません。甘い恋もやがては破局を迎えます。恋心が冷《さ》めなくても、恋人の死による終わりもあります。そのとき、恋が甘かったほど、恋人は苦しまねばならないのです。競争の勝者は、かならずいつかは敗者に転じます。だから、人生は苦なんです。

それともう一つ、漢訳仏典で〝苦〟と訳されている言葉のサンスクリット語の〝ドゥフカ〟は、「思うがままにならない」といった意味です。この世の一切のことは、わたしたちの思うがままになりません。その思うがままにならないことを、わたししたちは思うがままにしようとします。金持ちになりたい、勝者になりたい、幸福になりたいと思う。そう思うと、わたしたちは苦しまねばならなくなります。だから一切皆苦なんです。

では、どうすればよいでしょうか？

この、どうすればよいかということで、なんとかして「苦」を克服しようと考えたのが小乗仏教です。小乗仏教は、人生が苦であるのは、何かそこに原因があるに違いない。その原因さえなくせば、苦を克服できるはずだ、と考えました。そして、苦を克服するための修行をしたのです。

おかしいと思いませんか。もしも苦が克服できるものであれば、釈迦が教えた「一切皆苦」の教理が成り立たなくなります。苦を克服した人にとっては一切は苦でないのであり、苦を克服していない人にとってだけ一切皆苦になります。ということは、小乗仏教は、釈迦の教えを否定しようとした、まちがった教えだということになります。

そこで大乗仏教は、釈迦の教えの原点に戻って、一切皆苦を否定しようもない事実として認めることにしました。つまり、人生のすべては苦であって、思うがままにならないのです。だからわれわれはそれを思うがままにしようとしてはいけないのです。

わたしたちは人生においてさまざまに苦労せねばならないのです。それを、〈こんな苦労はしたくない〉と思えば、わたしたちは苦を克服しようとしているのです。しかし、苦は克服できない。ならば、わたしたちは苦労をすればいいのです。できれば楽しく苦労をすればいい。それが大乗仏教の考え方です。

いいですか。苦はなくなりませんよ。でも、家族が舌鼓を打ってくれるだろうと期待して楽しく料理を作る主婦は、それをちっとも苦にしていません。そのとき、苦労は苦でなくなっているのです。苦をなくすことはできないが、苦でなくなることはできます。それが大乗仏教の考え方です。

64

謝罪の必要性

監督から盗塁のサインが出ていなかったにもかかわらず、相手投手のモーションが大きかったので、自分の判断で盗塁を敢行しました。だが、結果は失敗に終わった。それで彼は、監督に謝りました。

すると監督は選手に言います。

「おまえは成功を確信してスチール（盗塁）を試みたのであろう。だが、結果は失敗だ。しかし、おまえは、結果に対して謝罪する必要はない。おまえが中途半端なプレーをやったのであれば、おまえは謝る必要がある。いま、ここでおまえが謝るということは、おまえは中途半端な気持ちでプレーしたと告白していることになる。それでいいのか!?」

じつは、この監督はアメリカ人で、選手は日本人です。日本人は、失敗したりエラーをしたとき、すぐに、

「すみませんでした」

と謝りますが、アメリカ人は結果に対しては謝罪しないそうです。そういう話を教わったことがあります。

考えてみれば分かりますが、わたしたちは結果に対して責任をとれません。こちらは盗塁をさせようと必死の努力をしますが、相手のほうは成功させまいと必死の努力をするのです。結果は偶然です。その偶然に対して、わたしたちは責任をとれないのです。

そして、人生におけるあらゆる出来事が、いわば偶然に左右されています。一流大学合格まちがいなしと折紙付《おりがみつき》の受験生が、試験の当日、電車の遅延によって一科目の試験を受けられず、不合格になることもあります。金婚式を迎えた両親に、子どもたちがお金を出して海外旅行をさせた。ところが旅行中、ホテルの火事で両親が死んでしまうことだってあります。子どもたちは、

〈あんなこと、しなければよかった〉

と思うでしょうが、われわれはそこまで責任をとれませんよね。

では、どうすればよいのでしょうか……？

わたしたちは結果に対して責任をとらなくていいのです。いや、とろうとしてもとれない。それが人間です。

それ故、わたしたちは失敗に対して謝罪する必要はありません。失敗に対して謝罪することは、どこまでも自分が責任をとろうとすることで、ある意味でそれは不遜な態度です。と同時に、失敗をした他人に謝罪を求めることは、相手に人間以上の超能力を求めていることになります。自分自身がそんな超能力を持っていないのに、それを棚上げにして相手に超能力・完璧性を求めることは、公平な態度とはいえません。大事なことは、他人の失敗を赦《ゆる》すことです。

では、まったく謝罪が不要かといえば、そうではありません。謝ることは必要ですが、そのときは人に対して謝るのではなしに、仏に対して懺悔《さんげ》をするのです。仏は必ずわたしたちを赦してくださいます。だからこそ、懺悔ができるわけです。

65

科学の発達の危険性

〝科学〟という言葉は、英語では〝サイエンス（science）〟です。そしてこの語は、ラテン語の〝スキエンツィア（scientia）〟に由来し、「知識」といった意味です。したがって、〝サイエンス〟は〝知識学〟と訳したほうが、その性格がはっきりします。だから科学は発達するのです。バラバラな知識だから、いくらでも積み上げることができます。そして、積み上げられた知識が、科学の発達になります。

けれども、知識はいくら積み上げることができても、そこには知恵がないのだから、科学の発達は時に不幸をもたらします。その例はいろいろありますが、いちばん典型的なのは原子力（正確にいえば原子エネルギー）でしょう。人類はウランやプルトニウムから大量の核エネルギーを取り出すことに成功しましたが、同時にそれによって原子爆弾や水素爆弾を作り出し、広島・長崎の悲劇を招きました。わたしたちは、科学の発達を手放しで喜ぶことができません。知識を積み上げる前に、わたしたちは知恵を持たねばなりません。その知恵を欠いた知識の積み上げ――すなわち科学の発達――はとても危険です。わたしはそう思います。

＊

ところが、そこで必要とされる知恵にも、二種類があります。

一つは人間の欲望にもとづく知恵で、たとえば安価な電力を得たいということで、原子力発電に頼ろうとするものです。なぜ安価でなければならないかといえば、大企業の利益を増大させたいからです。そういう欲望にもとづく知恵で、こちらのほうは〝知恵〟と表記します。

もう一つは仏教が教える智慧です。仏教が何を教えているかといえば、それは「少欲知足」です。わたしたちの欲望を少なくし、足るを知る心を持ちなさいというものです。こちらのほうは〝智慧〟と表記します。

わたしたちは経済的利益ばかりを追求して、その結果、大きな危険を見落としてしまいます。とくに大企業に密着した現在の政権は、その傾向が強いと思います。

あるいは、わたしたちはどこまでもどこまでも長生きしたいと考え、そのために医学的・薬学的知識ばかりを蓄積する傾向があります。その結果、認知症という障害が出てきても、それはそれで別問題として、また別な知識を求めます。それがいわゆる科学的な態度とされています。おかしいと思いませんか。

仏教は、それに対して、もういい加減にしようではないか、と提案しています。どこまでも経済的利益を求めるのではなしに、いい加減なところで満足する智慧。少欲知足の智慧。それこそが仏教の教える智慧です。

そして、その智慧でもって科学の発達をコントロールすることが、現代日本人の急務ではないでしょうか。

66

問題解決の方法

釈迦世尊の説法は「対機説法」だと言われています。相手の機根《きこん》（性質と能力）に合わせて教えを説かれました。あるいはまた、釈迦の説法は「応病与薬」とも呼ばれています。相手の病気に応じて、それにふさわしい薬を与えられたのです。

だから、ちょっと怠けている人に対しては、釈迦世尊は、

「そんなふうに怠けていてはいけない。もっとがんばりなさい」

と教えられました。しかし、あまりにも努力過剰な人に対しては、

「もう少し力を抜いて、ゆったりとしなさい」

と教えられたのです。釈迦は、誰に対しても同じ教えを説かれたのではありません。したがって、Aさんに対する教えとBさんに対する教えとでは、ときに矛盾することもあります。それが釈迦の教えなんです。

わたしたちが仏教を学ぶとき、このことに気を付けねばなりません。

たとえば、わが子が学校でいじめにあったとします。あるいは交通事故で子どもを亡くして悲しんでいる親がいます。そんなとき、人々は、

「どうすればよいですか？」

と質問します。釈迦であれば、それぞれの人に、それぞれにふさわしい問題の解決方法を教えられるでしょう。でも、わたしたちにはそれは無理。人間はみんな性格も違い、能力に差があります。画一的に「こうしたらよい」といったアドヴァイス（忠告）を与えられるわけがありません。

いいですか、百件のいじめがあれば、百の解決方法があるのです。千の悲しみがあれば千の解決方法がなければなりません。いじめにあって、ある子には転校させるという解決方法が有効な場合もあります。あるいは登校を拒否する手もあります。しかし、それが逆効果になることだってあるのです。

死者のために記念の文集を作る手もあります。しかし、そうすると、いつまでも死者を忘れられません。それよりは、「忘れてしまいなさい」といったアドヴァイスが有効な場合もあります。でも、「それじゃあ、どうしたら忘れることができますか？」

と問われて、その方法にも百のやり方、千のやり方があるのです。結局は、自分にふさわしいやり方は、自分で見つけるよりほかないわけです。

その場合、こんなヒントを参考にしてください。問題解決の方法には八万四千通りがあります。〝八万四千〟というのは、インド人が「多数」というときに使う数字です。わたしたちには八万四千通りの方法は考えられませんが、少なくとも八つぐらいの方法を考えてください。そしてその八つの解決方法のうち、自分はどの方法を採用しようかと考えるのです。

わたしは、それが釈迦世尊の教えられた方法だと信じています。

67

仏から預かっている自分

《「わたしには子どもがいる、財産がある」と思いつつ、そのために人は悩み苦しむ。だが、自分ですら自分のものではない。どうして子どもや財産が自分のものであろうか》

これは、原始仏教聖典の『ウダーナヴァルガ』（一・二〇）にある釈迦の言葉です。自分ですら自分のものではない――といった言葉に、わたしたちはどきりとさせられます。では、いったい自分は誰のものでしょうか？

そりゃあね、もちろん、自分の命は自分のものです。名義上、法律上は、自分の命、肉体の所有権は自分のものとされています。

けれども、その考え方が浅ましいと思います。

わたしたちは、自分が自分のものだと思っていると、その自分を簡単に安い値段で他人に売り渡してしまいます。見てください、現代の給料生活者が安価に自分を会社に売り渡している姿を。自分を売り渡した結果、会社の奴隷になっています。会社の奴隷だから〝社奴〟と呼ぶのですね。あるいは〝社畜〟といいます。家で飼われているのが家畜であれば、彼らは会社に飼われているのです。

あるいは、自分の命が自分のものだと思っていると、その命は容易に国家権力によって巻き上げられてしまいます。わたしが子どものころ、したがって戦前の話ですが、「おまえたちの命は天皇陛下のものだ。おまえたちは天皇陛下のために死ね！」と教え込まれてきたのです。国家権力はいわば無償で、わたしたちの命を買ったのです。

だから、「自分は自分のものだ」といった思い込みが危険です。釈迦が言った、「自分ですら自分のものではない」といった立言が正しいのです。

では、いったい自分は誰のものですか？　それに対しては、われわれ仏教者は、

――仏から預かっている自分――

と認識すべきです。わたしという存在は、じつは仏のものであって、わたしたちは仏からそれをお借りしているだけです。そう思うべきです。

そして、その点に関しては、室町時代の禅僧の一休宗純（一三九四—一四八一）が次のように言っています。

《借用申す昨月昨日
返却申す今月今日
借り置きし五つのもの四つ　かえし
本来空にいまぞもとづく》

借り置きし五つのものとは、地・水・火・風・空です。このうち地・水・火・風は四大《しだい》と呼ばれ、人間の身体を構成する四元素です。そこで病気になると〝四大不調〟というのです。

わたしたちは仏から借用している四大を仏に返却し、そして残った空に戻って行く。それが死だ。そう一休は言っているのです。

わたしは、これこそが仏教者らしい考え方だと思っています。

68

仏教を利用するな!

仏教の講演会のあとで、ときに講師控室に質問に来る聴講者がいます。たとえば、娘が妻子のある男性と付き合っていて、親が忠告した。そうしたら娘が自殺してしまった。それでわたしは苦しくてならない。どうしたらこの苦しみを軽減することができるでしょうか……? そういった質問です。

そこで、あるときわたしは逆にこう質問しました。

「あなたは、何のためにこの仏教講演会にやって来られたのですか?」

「それは、わたしの悩みを少しでも解決するためです」

「ああ、そうですか。あなたはたんに仏教を利用したいのですね。仏教を学びに来たのではありませんよね」

「……」

相手はきょとんとしています。

わたしは説明します。

たとえば、わたしが病気になって病院に行きます。そのとき、わたしは自分の病気を治してほしいと願っています。それは、病院、すなわち医学を利用しようとしているのです。別段、わたしは医学を学びたいのではありません。医学の理論はどうだっていい。ただわたしの病気を治してくれれば、その医者は「いい医者」なんです。

仏教はそれと同じでしょうか？　仏教の教え（理論）なんてどうでもいいので、ただわたしの悩みさえ解決してくれればいい。そういう考え方は、つまりは仏教を「利用」しようとしているのです。そうではありませんか？

けれども、そんな態度でいると、あなたはインチキ宗教に引っ掛かってしまいますよ。儲けよう、儲けようと思っている人が詐欺師に引っ掛かるのと同じで、なんとかして悩みをなくしたいと思っている人が、インチキ宗教に引っ掛かって大枚《たいまい》を教団に捲《ま》き上げられるはめになります。

「だからあなたは、仏教を利用しようとしてはいけません。仏教を学ぼうとしないといけないのです」

わたしはそのように答えました。

では、仏教を学ぶということは、どういうことでしょうか？

釈迦の教えは、つまるところ「一切皆苦」に尽きます。この世の中は苦であり、われわれの人生は苦なんです。ということは、わたしたちの悩み、苦しみはなくならないのです。もしも苦しみをなくすことができたら、釈迦の教えた「一切皆苦」が嘘だということになります。

それ故、苦を軽減させたり、なくすことはできません。わたしたちは、自分が直面した苦しみにしっかりと向き合い、それに耐えねばならない。つまり、しっかりと苦しめばいいのです。そのように分かるのが、わたしは仏教を学ぶことだと考えています。

69

「生活力」と「人生力」

わたしは「人生」と「生活」とは違っていると思います。英語でいえば、両者とも〝ライフ〟になりますが……。

世の中でバリバリ活躍し、立身出世をする。金もジャンジャン稼ぎ、大富豪になる。そういう人が、いわゆる「生活力」のある人です。もちろん、この生活力のある人は、常に、

——あくせく・いらいら・がつがつ——

と働いています。そうでなければ出世もできないし、大金持ちにはなれません。

それに対して、「人生の達人」は、きっと、

——のんびり・ゆったり・ほどほど——

に暮らしているのでしょう。それほど金持ちではありませんが、ほどほどに金があります。そして、のんびりと、ゆったりと、家族で笑顔で暮らしています。それが幸

福です。〝人生力〟なんて言葉はありませんが、しかし、〝生活力〟に対しては、人生の達人は「人生力」に秀でています。それには異論はありませんよね。

では、「生活力」のある人と、「人生力」のある人と、どちらがすばらしいのでしょうか？　あなたであれば、どちらを理想としますか？

たぶん現代人は、「生活力」のある人のほうを「良し」とするでしょう。

その理由は、「生活力」を百点満点、「人生力」を十点満点で査定し、両者を加算するからです。たとえば、「生活力」が九十点、「人生力」が三点の人と、「生活力」が五十点、「人生力」が六点の人とを比べると、前者が九十三点、後者が五十六点になるからです。

だが、これを掛け算にするとどうなりますか？　すると前者は二百七十点、後者が三百点になり、「人生力」のある人の方が上になります。

じつは、昔の人は、「生活力」のほうを〝才能〟と呼び、「人生力」のほうを〝人格〟と呼んでいました。いくら才能が九十点でも、人格が三点であれば、あまり高くは評価しなかった。それが現代では、才能ばかりがもてはやされて、人格（人生力）のほうは二の次に置かれてしまった。そういう風潮になってしまったのです。悲しいことだとわたしは思います。

＊

わたしが言いたいことは、仏教は「生活力」を教えるものではなく「人生力」を教えるものだ、ということです。仏教を学んで、あなたが金持ちになれるわけではなく、また立身出世ができるわけではありません。そのためであれば、経営学でも学べばよいでしょう。

仏教を学ぶ目的は、あなたがあなたの人生を「のんびり・ゆったり・ほどほど」に生きれるようになるためです。つまり「人生力」の向上にあります。われわれが仏教を学ぶのに、そのことを忘れないようにせねばなりません。

70

世俗の欲望・天上の欲望

かつてインド人と話していて、〝煩悩《ぼんのう》〟といった語を英語にすれば何になるか、ちょっと迷ったことがあります。それで和英辞書を見ると、

——worldly desires（世俗の欲望）——

とありました。なるほど煩悩は世俗の欲望です。低俗で、貪欲そのもので、ぎらぎらした欲望です。

で、そのとき、わたしはこの「世俗の欲望」の反対を考えました。それは、英語でいえば、

——heavenly desires（天上の欲望）——

になります。そんな英語が日常使われているかどうかは知りませんが（たぶん、日常的には使われていないと思われます）、「世俗の欲望」の反対概念としては「天上の欲望」になりますね。そう考えたとき、わたしはうれしくなりました。

世俗の欲望は競争原理にもとづく欲望です。現実の社会（世俗）が競争社会ですから、そこで欲望を充足させるためには、他人に勝たねばなりません。わたしが一流大学に合格する、大企業に就職できる、そのためには誰か一人は不合格にならねばなりません。他人を蹴落とすことによって自分の欲望を満足させることができる。それが世俗の欲望です。

と同時に世俗の欲望には歯止めがありません。最初に年収一千万円を目標にしていた人が、その一千万円が得られるようになっても、

〈いやいや、これじゃあ満足できない。やはり年収三千万円ぐらいは欲しい〉

と、欲望が膨れあがります。〈もっと、もっと〉となるところが、世俗の欲望の恐ろしいところです。

したがって、世俗の欲望とは、ブレーキのない、アクセルだけの欲望ではないでしょうか。こんな欲望でもって人生を生きていては、その人は暴走し、崖に衝突するに違いありません。

それ故、わたしたちは、ちゃんとブレーキのついた欲望、すなわち天上の欲望を持

つべきです。

天上の欲望とは、他人の不幸を願わない欲望です。

といっても、現在の日本は競争社会になっていますから、自分が部長になれば、誰かが部長になれなかったのです。結果的には他人との競争に勝ったことになりますが、しかし最初から〈あいつを蹴落としてやろう〉と思ってする競争ではありません。他人との競争意識を持たず、のんびり・ゆったり・ほどほどに生きていて、それで得られる幸せに感謝する。それができるのが天上の欲望です。

仏教は欲望を否定するかのように思われています。たしかに過度な世俗の欲望をもつことはいけないとします。しかし天上の欲望については肯定しています。その点を誤解しないでください。

71

別の光色を加えず

曹洞宗の開祖である道元（一二〇〇―一二五三）の『正法眼蔵《しょうぼうげんぞう》』（「唯仏与仏《ゆいぶつよぶつ》」の巻）に、ちょっといい言葉があります。

《はなにも月にも今ひとつの光色をおもひかさねず》

というものです。しかし、これだけでは何を言っているかよく分かりませんから、その前後のところを拙訳で紹介します。

《たとえば人と会っても、その人のあるべき姿を考えず、花や月を見ても、そこに別の光や色を付け加えず、春はただ春ながらの心、秋は秋ながらの良さ／悪さがあり、それ以外のありようがないのである》（ひろさちや編訳『［新訳］正法眼蔵』ＰＨＰ研究所より）

わたしたちは花や月を見るとき、そこに別の光や色を付け加えず、ただあるがままに見ればよい、と道元は言うのです。すなわち、花を見て、もう少しピンクの色が濃いほうが美しいと思い、月を見て、雲がなければいいのに……と思うのは、そこに別の光、色を加えているのです。

いや、それよりも、他人を見るとき、

〈この人は乱暴者だ。もっとおとなしければよいのに……〉

と、その人のあるべき姿（理想の姿）をそこに付け加えて見ている、そのほうがもっと問題です。親がわが子に、

〈もう少し学校の成績が良ければよいのに……〉

と願うのも、わが子の上に別の人間を付け加えて見ているのです。

そんなことをしてはならない。事物をあるがままに見るべきだ。そのように道元は言っています。

つまり、わたしたちは他人を見るとき、そこに一種の「期待」をこめて見ているのです。〈かくあってほしい……〉というのも「期待」ですが、同様に〈かくあるべきだ〉というのも広い意味での「期待」です。しかも、自分自身に関しては、弁解、言訳《いいわけ》を用意しています。だが他人に関しては、いっさい弁解や言訳なしに糾弾《きゅうだん》します。

たとえば、わたしがスランプに陥って少し怠けているとき、〈いまはスランプだから仕方がないんだ〉と自分で自分を弁護しますが、他人に関してはその人がいかなる事情にあるかを一切考慮しないで、

〈あいつはけしからん〉

と断罪するのです。それはつまり、弁護人なしで、自分が検事と裁判長になってその人を裁いているわけです。

まあ、ともかく、わたしたちは物事をあるがままに見るように訓練しましょうよ。病気になれば、ただ病気になっただけのことです。それを、病気を克服したいと思うから、その病気の上にあれこれの要素を付け加えて見てしまいます。そうすると病気のほかにあれこれの悩みまで背負いこむことになります。そういうことをするな！と道元は言っているのだと思います。

72

おんぶお化けと仲良く

昔話に「おんぶお化《ば》け」というのがあります。

川岸にお婆さんがいて、やって来た旅人におんぶをして向こう岸に渡してくれと頼みます。気のいい若者は、お婆さんをおんぶして渡してあげます。

ところが、向こう岸に着いても、お婆さんは背中から降りようとしません。いくら振りほどこうとしても、すればするほどお婆さんはますます背中にしがみついてくるのです。なにしろお化けだから、どうしようもないのです。

で、どうなったか……？　残念ながらわたしは、そのあとの話の展開を忘れてしまいました。若者が婆さんを振り落とそうとすればするほど、婆さんはますます若者にしがみつき、ついに若者が殺されてしまった、という話であったかもしれません。あるいは逆に、若者がおんぶお化けのことを忘れてしまい、気にしなくなったとき、いつのまにか背中の老婆がいなくなった——といった話であったかもしれません。それはどちらでもいいのです。じつはわたしは、ここでおんぶお化けに対応する二つの方法を考えました。

その一つは、馬鹿なやり方です。お化けを背中から降ろそうとしてあれこれやってみて、結局はお化けに殺されてしまうのが馬鹿のやり方です。

もう一つは、おんぶお化けを気にせず、本人が背中におんぶお化けのいることを忘れてしまったとき、いつのまにかお化けがいなくなっている。そういうやり方を、わたしは阿呆のやり方と命名します。

そして、じつは仏教の教えは、わたしたちに阿呆のやり方をすすめています。

人生において、わたしたちはさまざまな悩みを持っています。病気を悩んだり、貧乏を苦にします。そして、貧乏な人があれこれ算段し、努力して、金持ちになろうとします。けれども、そう簡単には金持ちになれません。また、ほんの少々金を稼いでも、これじゃあダメだ、もっと稼がないといけないと、欲望が肥大します。だから満足できません。それでさらにあくせくします。それが馬鹿なやり方です。

それじゃあ、幸せになれませんよ。

阿呆は、むしろ貧乏神と仲良くすることを考えます。背中の貧乏神（おんぶお化け）を振り落とそうとせず、貧乏神を背負ったまま楽しく毎日を暮らそうとするのです。

〈たしかにわたしは貧乏です。でも、わたしはただ貧しいだけで、ほかにこれといって災厄もないし、まずまず健康です。これは貧乏神がわたしを守護してくださっているのですね。貧乏神様、ありがとうございます〉

そう思いつつ毎日を感謝の気持ちで生きるのです。それが阿呆のやり方です。

そして、この阿呆のやり方が、じつは仏教の教えだとわたしは考えています。

73

現在の幸福 vs. 将来の利益

遊びに夢中になっている子どもに、親が言います。明日のことを考えて、早く寝なさい、と。でも、これ、子どもにとって迷惑なんです。だって、子どもには、いま現在が充実していれば、それで十分なんです。

これは、おとなにだって言えることです。たとえば友人と楽しく酒を飲んでいるようなとき、多くの人は翌日のことを忘れています。「明日があるから」と言われても、「なあに、明日のことは明日考えればいいさ」と、変な啖呵《たんか》を切りますよね。そのとき、あなたは童心に帰っているのかもしれません。

そういえば、キリスト教のイエスが同じことを言っています。

《だから、明日のことまで思い悩むな。明日のことは明日自《みず》らが思い悩む。その日の苦労は、その日だけで十分である》(『マタイによる福音書』六)

これを、酔っ払いの変な啖呵と一緒にすれば、イエスに叱られそうですが、未来のことは神にまかせて、わたしたちは現在をしっかりと生きればよいのです。それがイエスの言いたかったことだと思います。

同じことを、釈迦世尊が言っておられます。

《過去を追うな。

未来を願うな。

過去はすでに捨てられた。

未来はまだやって来ない。

ただ今日なすべきことを熱心になせ》（『マッジマ・ニカーヤ』一三一）

過ぎ去ったことをじくじく考えても、明日のことをあれこれ思い悩んでも、どうにもなりません。わたしたちは、いまなすべきことをしっかりとすればよいのです。未来のことはほとけさまにおまかせすればよい。それが仏教者らしい生き方ではないでしょうか。

＊

おそらく、ほとんどの人が、

――将来の利益――

ばかりを考えて生きているのではないでしょうか。一流大学を卒業し、優良企業に就職すれば幸福になれる。だから、いまは苦しくても、将来のためにがんばりなさい。多くの人がそういう生き方を選んでいると思われます。

しかし、そのように将来の利益を求めるなら、わたしたちは、

――現在の幸福――

を犠牲にせねばなりません。明日のために今日を犠牲にしてしまうのです。

仏教の釈迦も、キリスト教のイエスも、そのような生き方を不可としたのだと思います。われわれにとって大事なのは、いま現在の幸福なんです。そして、未来のことは絶対者におまかせする。それが真の宗教者の生き方だと、わたしは思います。

74

反省よりも懺悔を

——反省だけなら猿でもできる——

昔、テレビ・コマーシャルで、そんな言葉がありました。猿が、さも反省してるかのようなポーズをとって、そこにこのようなテロップが流れるのです。なかなかユーモラスなコマーシャルでした。

わたしたちは子どものころから、なにか失敗すると、「反省しなさい」と言われて育ってきました。でも、本当に反省する必要があるでしょうか。わたしはそうは思いません。いくら反省しても、われわれは同じ失敗を繰り返すからです。たとえば、野球選手がエラーをします。そして、彼がいくら反省しても、同じようなエラーをすることだってあるのです。では、どうすればよいでしょうか？　わたしは、再び同じようなエラーを繰り返さないためには、練習を重ねる以外に方法はないと思います。その意味では、なるほど「反省だけなら猿でもできる」は名言だと思います。

では、仏教の考え方はどうでしょうか？

反省する必要はない――というのが、仏教の考え方だと思います。なぜなら、われわれ人間は不完全な存在であって、どうしても失敗するようにできているからです。失敗しないのは仏だけです。

そして、かりにわたしたちが反省したところで、その反省は中途半端であって、たいていは言い逃れになってしまい、自分の責任逃れになりかねません。

たとえば他人と喧嘩をしたときです。わたしたちのする反省は、最初は殊勝に自己の非を認めていても、最後には他人を非難することになりかねません。

〈そりゃあ、俺にも悪いところはある。だが、あのとき、あいつがあんなことを言わなければ、俺もああまで腹を立てなかった。だから、喧嘩になった原因はあいつにある。あいつが悪いんだ〉

となってしまいます。そんなことなら、反省なんかしないほうがよいのです。

では、どうすればよいのでしょうか？

仏教においては、反省ではなしに、

――懺悔《さんげ》せよ――

を教えています。〝懺悔〟は、一般には〝ざんげ〟と発音されますが、仏教語としては〝さんげ〟になります。これは、仏に対して謝罪することです。

具体的にはどうすればよいかといえば、たとえば喧嘩をした相手に謝罪することではありません。この世で謝れば、そのときの態度や言い損じによって、かえって喧嘩が蒸し返されることがよくあります。わたしは、

〈そうだ、あの人には、お浄土で再び会ったとき、お詫びしよう〉

と思うことにしています。お浄土においてなら、二人はともに仏のこころを学んでいますから、きっと赦《ゆる》し合えるようになるでしょう。わたしは、それが懺悔だと思っています。

75

時間のないお浄土

わたしが十歳のときに、父はシベリアにおいて亡くなっています。昭和二十一年（一九四六）ですが、死亡の月日は分かりません。ソ連による不法な強制労働の結果です。アメリカの原爆も国際法違反の暴挙ですが、あのソ連の強制労働だって、国際法違反に違いありません。

で、わたしは、六十歳のとき、父の五十回忌を営みました。

そのとき、父の墓の前で、わたしは母をちょっとからかいました。

「お母ちゃんはもうすぐお浄土に往くやろ。そしたら、お父ちゃんは、〝わし、こんな婆さんは知らんで……〟

と言うに違いないで」

だって、母が夫と別れたのは三十歳のとき。そして、そのとき母は八十歳。父は三十歳の若い女性しか知りません。八十歳の老婆なんて見たことがないからです。

わたしのそのからかいに、母はちょっと淋しそうな顔をしていました。

あとで、母と同居していた妹から聞くと、その日、母は見合写真を出して来て、

「わたしが死んだら、この見合写真を棺桶に入れといてや。お浄土でお父ちゃんに会ったとき、

〝わたし、これですねん〟

と、写真をお父ちゃんに見せるから」

と言ったそうです。なかなかかわいいところがあります。もちろん、母が九十六歳で亡くなったとき、見合写真を柩《ひつぎ》の中に入れてやりました。

＊

そのあと、母が死ぬ一年ほど前に、わたしは母に謝りました。お浄土について、本当のことを母に教えたのです。

じつは、浄土というのは、本当は、

——無相離念《むそうりねん》——

の世界なんです。〝無相〟とは、姿や形のないことです。〝離念〟というのは、心に

よって捉えられないことをいいます。つまり、時間と空間を超越した世界です。

でも、そういう世界は、われわれ凡夫はイメージすることはできません。近づくことができないし、それによって安心することもできません。

そこで、そういう力の弱い凡夫のために説かれたのが、

――指方立相《しほうりっそう》――

の浄土です。《これより西方十万億の仏土を過ぎて世界あり、名づけて極楽という》（『阿弥陀経《あみだきょう》』）と方角と距離を示し、われわれがそれを具体的にイメージとして捉えられるようにしたのが指方立相の浄土です。あくまでも便宜的に説かれた世界なのです。

「だから、お母ちゃんは安心していいんやで。三十歳だとか、九十歳だとか、そんなん、関係ないで。お父ちゃんは、〝よう来たな〟と迎えてくれるから、安心しいや」

謝罪の気持ちをこめて、わたしはそう母に語りました。

初出について

本書は天台宗出版室発行の月刊広報誌『天台ジャーナル』（二〇〇四年四月号（第十三号）～二〇一七年三月号（第百六十八号））に計百五十一回にわたって連載された「仏教の散歩道」から七十五話を抽出して書籍化したものです。残りの七十六話は『生き方、ちょっと変えてみよう』（小社刊）として刊行される予定です。

ひろ　さちや

一九三六年（昭和十一年）大阪市に生まれる。東京大学文学部印度哲学科卒業、東京大学大学院人文科学研究科印度哲学専攻博士課程修了。一九六五年から二十年間、気象大学校教授をつとめる。退職後、仏教をはじめとする宗教の解説書から、仏教的な生き方を綴るエッセイまで幅広く執筆するとともに、全国各地で講演活動を行っている。厖大かつ多様で難解な仏教の教えを、逆説やユーモアを駆使して表現される筆致や語り口は、年齢・性別を超えて好評を博している。

おもな著書に、『仏教の歴史（全十巻）』『釈迦』『仏陀』『大乗仏教の真実――インド仏教の歴史――』『ひろさちやのいきいき人生（全五巻）』（以上春秋社）、『観音経　奇蹟の経典』（大蔵出版）、『お念仏とは何か』『禅がわかる本』（以上新潮選書）、『「狂い」のすすめ』（集英社新書）、『わたしの「南無妙法蓮華経」』『わたしの「南無阿弥陀仏」』『〈法華経〉の世界』『『法華経』日本語訳』『〈法華経〉の真実』（以上佼成出版社）などがある。

のんびり、ゆったり、ほどほどに
——「がんばらない菩薩」のすすめ——

2019年7月30日　初版第1刷発行

著者…………ひろさちや
発行者………水野博文
発行所………株式会社佼成出版社
〒166-8535　東京都杉並区和田2-7-1
電話　(03) 5385-2317（編集）
(03) 5385-2323（販売）
URL　https://www.kosei-shuppan.co.jp/
印刷所………小宮山印刷株式会社
製本所………株式会社若林製本工場

　ISBN978-4-333-02809-2　C0015